Adam !

Bonne lecture mon grand

Je t'embrasse

Tante Hélène Xxx

Lito
41, rue de Verdun 94500 Champigny-sur-Marne
Imprimé en CEE
Loi n° 49-956 du 16 juillet 1949 sur les publications destinées à la jeunesse
Dépôt légal : juillet 2000

COMPTINES ET HISTOIRES

COURTES ET AMUSANTES

Éditions Lito

Textes de Marie-Odile Judes, Dolorès Mora,
Bénédicte Rauch, Ann Rocard.

Illustrations de Serge Ceccarelli,
Jean-Pierre Corderoc'h, Myriam Deru, Monique Gorde,
Sandrine Herrenschmidt, Ève Tharlet, Marie-Laure Viney.

Couverture illustrée par Serge Ceccarelli.

COMPTINES ET HISTOIRES
COURTES ET AMUSANTES

Éditions Lito

L'imitateur et l'impresario

Un petit monsieur à barbiche attend son tour pour se présenter à un grand impresario. On finit par l'introduire dans le bureau où, énorme cigare aux lèvres, trône cet homme important.

– Voilà, commence le petit monsieur, je fais des imitations…

– Ah, non ! tranche l'impresario. Des imitations ? Merci ! Pas d'imitations !

– Mais, je vous assure, ce que je fais n'est pas mal : j'imite parfaitement les oiseaux.

– Les oiseaux ? Mais ça n'intéresse personne, un imitateur d'oiseaux ! Vous me faites perdre mon temps. Allez-vous-en !

Tristement, le petit monsieur hoche la tête et bredouille :

– Bon… Excusez-moi !

Et il s'envole.

Du matin
au soir...

Bruno a une maman pour qui la propreté est une véritable obsession. Elle lave son fils du matin au soir.

Les mains, parce qu'il a joué dans le sable.

La frimousse, parce qu'il s'est barbouillé de confiture.

Les genoux, parce qu'il s'est traîné sur le parquet.

Et puis de nouveau les mains, les joues, les genoux. Sans compter, évidemment, le bain quotidien !

Une amie de maman vient en visite. Elle complimente Bruno :

– Comme tu pousses !

– Naturellement ! grogne Bruno. On est tout le temps en train de m’arroser !

Les pissenlits

Un jardinier était très fier de son parterre de fleurs de toutes les couleurs, jusqu'au jour où il dut faire face à

une invasion de pissenlits. Il essaya par tous les moyens de s'en débarrasser, mais les dents-de-lion résistaient à tous les herbicides.

Finalement, il écrivit à un savant botaniste auquel il fit part de toutes les méthodes qu'il avait utilisées. Il terminait sa lettre en demandant :

« Qu'est-ce que je peux bien faire, maintenant ? »

La réponse arriva par retour du courrier :

« Je vous conseille d'apprendre à les aimer. »

Le pique-nique des tortues

Une troupe de tortues s'en va pique-niquer. Au bout de dix années, ces dames arrivent à destination. On s'aperçoit alors qu'on a oublié la moitié du pique-nique. On décide que la plus jeune – âgée d'à peine quatre-vingt-dix-huit ans – retournera à Tortupolis chercher le reste des provisions.

Elle est d'accord, à condition qu'on n'entame pas la partie du pique-nique qui est déjà là.

Elle part. Deux ans plus tard, elle n'est pas de retour. Cinq ans plus tard, non plus.

Alors l'aînée décide d'attaquer la moitié du casse-croûte. Au moment où les tortues commencent à manger, celle qui était partie sort de derrière un arbre et crie :

– Je vous ai vues, je n'ai plus confiance ! Je n'irai pas, na !

Trois fieffés filous

Trois filous rencontrent un jour un paysan monté sur un âne et tirant une chèvre au bout d'une corde.

Le premier fait alors le pari de dérober à l'homme sa chèvre, le deuxième parie qu'il lui prendra l'âne, et le troisième qu'il le dépouillera même de ses habits.

Le premier voleur s'approche doucement, attache à la queue de l'âne la clochette qui était suspendue au cou de la chèvre, et fuit avec celle-ci.

Le paysan, s'étant aperçu du vol, rencontre le deuxième

voleur et lui demande s'il n'a pas vu quelqu'un s'enfuyant avec une chèvre.

– Si, dit le voleur. Il est parti par là. Dépêche-toi, tu peux le rejoindre. Si tu veux, je garderai ton âne pendant ce temps-là.

Le pauvre paysan court dans la fausse direction et, quand il revient, l'homme et l'âne ont évidemment disparu.

Désespéré, il arrive en gémissant devant un puits au bord duquel est un homme qui gémit aussi.

Cet homme est le troisième voleur. Il se plaint au paysan :

– J'ai laissé tomber au fond de ce puits une cassette pleine d'argent. Je ne sais comment la rattraper car je ne suis pas très adroit et j'ai peur de l'eau.

– Qu'à cela ne tienne ! dit le paysan, qui est serviable. Moi, je puis te la retrouver.

– Si tu le fais, je te donnerai une partie de l'argent qu'elle contient.

Le paysan se déshabille donc et descend dans le puits. Il n'y trouve aucune cassette mais, quand il remonte, le voleur a disparu avec ses vêtements !

Arlequin dans sa boutique

Arlequin dans sa boutique
Sur les marches du palais ;
Il enseigne la musique
À tous ses petits valets,
À monsieur Po,
À monsieur Li,
À monsieur Chi,
À monsieur Nelle,
À monsieur Polichinelle.

Un ami pour Octave !

L'ours brun bûcheron avait quitté une ville lointaine. Il était venu s'installer avec sa famille au fond de la forêt, près du lac, pour y travailler.

Depuis, son fils Octave s'ennuyait car il n'avait plus d'amis.

Un jour, alors qu'il jouait avec son bateau à télécommande, un petit singe s'approcha, posa sa planche à roulettes et lui dit :

– Tu me fais essayer ?

– Qui es-tu ? demanda Octave.

– Boniface ! dit le singe. Et toi, comment t'appelles-tu ?

– Octave ! D'accord, je te fais essayer à condition que tu me prêtes ta planche à roulettes.

Le marché conclu, Boniface manœuvra le bateau et Octave s'élança sur la planche.

Courbé, il fonçait à toute allure sur le chemin en poussant fort avec sa patte.

À la sortie d'un virage, il rencontra sa mère qui étendait du linge dans le pré. Surprise, elle s'écria :

– D'où sors-tu cet engin ?

– C'est mon nouvel ami qui me l'a prêté !

– Qui donc ?

– Boniface, le petit singe !

– Bon ! Va le chercher et venez goûter.

Maman Ourse leur donna du pain et du chocolat.

Octave invita son petit camarade à visiter sa chambre. Ils montèrent sur le lit et s'amusèrent à sauter très haut.

Sur ce, Papa Ours rentra à la maison après sa journée de travail et il fit la connaissance de Boniface.

– Où habites-tu, petit singe ? demanda-t-il.

– Dans une hutte, de l'autre côté du lac !

– Oh, mais c'est loin ! Je vais te raccompagner avec mon bateau.

– Je veux venir avec vous ! s'écria Octave.

Quand ils arrivèrent de l'autre côté du lac, les parents singes, qui cueillaient des noix de coco, descendirent à leur rencontre et les invitèrent à boire du lait de coco dans la hutte.

Puis Papa Ours et Octave retournèrent chez eux avec des noix de coco plein les poches.

Le bateau s'éloigna de la rive et Octave et Boniface se firent de grands signes d'au revoir.

L'île des Sables Mouvants

En canoë, Octave et Boniface allaient camper sur une île au milieu du lac.

Arrivés sur la plage, les deux amis tirèrent le canoë à côté d'un gros rocher. Ils montèrent la tente et cherchèrent un point d'eau.

Ils marchaient sur le sable mouillé quand, brusquement, Boniface s'enfonça jusqu'à la ceinture : c'était du sable mouvant !

– Octave, aide-moi ! cria le singe.

– Ne bouge plus, dit l'ours, je vais chercher des cordes.

Et il partit en courant jusqu'à la tente.

– Tiens bon, Boniface ! J'attache la corde autour du gros rocher et je t'envoie l'autre extrémité !

Sitôt dit, sitôt fait. Le singe attrapa la corde et l'ours tira dessus de toutes ses forces. En vain... Quand tout à coup, le gros rocher se mit à bouger.

C'était une tortue géante !

Elle se dressa sur ses pattes, sortit sa tête fripée et gronda d'une voix rauque :

– Hé ho, que se passe-t-il ici ? Qui me réveille ?

À ce moment-là, le singe cria :

– Octave, tire plus fort ! Je m'enfonce !

Comprenant la situation, la tortue attrapa la corde avec l'ours et ils tirèrent, tirèrent... si fort que Boniface émergea comme un ressort du sable mouvant et fut projeté quelques mètres plus loin.

La tortue hocha la tête :

– Dans cette île, il y a des sables mouvants. C'est très dangereux, dit-elle. Je vais vous conduire ailleurs.

L'ours et le singe plièrent la tente et montèrent dans leur canoë, tracté avec la corde par la tortue géante.

Elle les emmena sur une île voisine.

Ils amarrèrent le canoë, prirent leur sac à dos et suivirent la tortue vers la vallée des Orchidées.

Là, ils s'installèrent près d'une source. Octave et la tortue montèrent la tente. Boniface alluma un feu de camp et fit cuire le repas, qu'ils partagèrent avec leur nouvelle amie.

La nuit venue, Octave et Boniface se couchèrent dans la tente, emmitouflés dans leur duvet, et la tortue rentra dans sa carapace.

Le week-end passa vite. Il fallut songer à repartir. Ils rangèrent la tente dans le canoë. Ils s'embrassèrent, promirent de se revoir, et la tortue retourna sur l'île des Sables Mouvants.

Contents de leur aventure, Octave et Boniface rentrèrent chez eux en pagayant gaiement.

La leçon de natation

Octave et Boniface faisaient de la planche à voile sur le dos de la tortue géante, qui avait accroché un manche à balai et un drap sur sa carapace. Ils naviguaient au milieu du lac quand tout à coup, ils entendirent des cris.

Une petite poule grise se débattait dans l'eau.

L'ours plongea et la repêcha. Boniface et la tortue le rejoignirent sur la plage.

Octave allongea sur le sable la poule qui s'était évanouie, croisa et décroisa ses ailes tout en lui soufflant dans le bec.

La poule revint à elle. Transie de peur et de froid, elle grelottait. Boniface l'enroula dans une serviette de bain et ils décidèrent de la ramener chez elle.

Ils grimpèrent sur le dos de la tortue et se mirent en route.

Le cortège arriva au moulin où la petite poule habitait avec ses parents.

Papa Coq, le meunier, était en train de charger des sacs de farine dans sa camionnette.

– Ninon, que se passe-t-il ? interrogea le père, inquiet.

La petite poule grise lui raconta sa mésaventure.

– Je suis tombée dans le lac, et je ne sais pas nager ! L'ours m'a sauvée.

Papa Coq remercia Octave et ses amis.

– Monsieur Coq, savez-vous nager ? demanda l'ours.

– Heu… non !

– Moi non plus ! s'écria Maman Poule qui venait d'arriver.

Et elle prit Ninon dans ses ailes pour la réconforter.

– Eh bien, venez avec moi, je vais vous apprendre ! assura l'ourson.

Aussitôt, Ninon et ses parents se mirent en maillot. Ils montèrent dans la camionnette et rejoignirent les trois amis au bord du lac. Octave leur donna des bouées.

– Allez, plongez maintenant ! dit-il.

Il sauta avec eux dans l'eau et leur apprit à bouger les pattes et les ailes. Depuis le bord, la tortue et Boniface les encourageaient : « Une ! Deux ! Une ! Deux ! »

Le soir, Ninon et ses parents savaient nager ! Ils se perchèrent sur le toit de la camionnette et crièrent très fort :

– Pour Octave, hip hip hip hourra !

La poupée perdue

Octave faisait du patin à roulettes sur le chemin quand il trouva une poupée par terre. Il la ramassa. C'était une vieille poupée. Il lui manquait un bras et sa robe était déchirée.

– Je me demande qui a bien pu la perdre. C'est peut-être Ninon, dit l'ourson.

Arrivé au moulin, il montra la poupée à la petite poule grise.

– Berk ! Je ne risque pas d'avoir une horreur pareille !

– Allons voir la tortue. Elle pourra sûrement nous aider, décida Octave.

Ninon chaussa ses patins à roulettes et les deux amis se mirent en route. En passant devant sa hutte, ils appelèrent Boniface qui prit son vélo.

Le trio se rendit au lac.

Ils grimpèrent dans le canoë. La poule monta à l'avant, l'ours et le singe pagayèrent.

L'île des Sables Mouvants en vue, Octave s'écria :

– Ohé, c'est nous !

Et la tortue géante les rejoignit.

– Saurais-tu à qui appartient cette poupée ? lui demanda Ninon.

– Mais bien sûr ! Elle est à Juanita, la petite éléphante.

Ils décidèrent de ramener la poupée à Juanita et regagnèrent la berge. Ninon prêta ses patins à la tortue et grimpa sur le guidon du vélo.

– Nous partons devant ! dit Boniface à Octave qui apprenait à patiner à la tortue.

Mais le singe ne put aller bien loin. Il fut stoppé par le fleuve. Que faire ?

Heureusement, l'ours et la tortue arrivaient.

La tortue siffla entre ses griffes pour appeler son ami le crocodile qui s'approcha, bâillant à s'en décrocher la mâchoire.

– Bonjour, tortue ! Que veux-tu ?

– On a besoin de toi pour traverser le fleuve.

Ils chargèrent le vélo et les patins sur le dos du crocodile, Ninon se percha sur sa tête, et Octave et Boniface s'installèrent sur la carapace de la tortue.

Devant la maison de Juanita, Octave tira la cloche de la grille.

La petite éléphante vint ouvrir.

– Ma poupée ! s'écria-t-elle en la prenant dans sa trompe.

Maman Éléphante invita tout le monde à manger des bananes dans la bananeraie.

Elle s'agenouilla, transforma sa trompe en escalier, et Octave, Boniface, Ninon, la tortue, le crocodile et Juanita s'assirent sur son dos.

La grosse éléphante les promena dans la plantation et leur cueillit des régimes de bananes avec sa trompe.

Le soir venu, chacun rentra chez soi.

Quant au crocodile, il retourna dormir dans le fleuve.

Une journée à la neige

Il avait neigé sur la montagne. Papa Ours décida d'organiser une journée à la neige.

– Va chercher tes amis ! dit-il à Octave.

Le petit ours courut annoncer la nouvelle à Juanita. Elle prit sa luge et ils partirent chercher Boniface.

Arrivé à la hutte, l'ours appela le singe qui se mit à la fenêtre.

– Mon père nous emmène faire du ski. Tu viens avec nous ?

– Bien sûr ! dit Boniface en prenant ses skis.

Juanita passa sa trompe par la fenêtre, le singe s'y accrocha et elle l'assit à califourchon à côté de l'ours.

Ils continuèrent à appeler leurs amis : Ninon, puis la tortue, les rejoignirent avec leurs skis.

Papa Ours les invita à monter à l'arrière de la voiture.

À la station de ski, ils prirent le téléphérique qui les déposa au sommet de la montagne.

Octave, Boniface, Ninon et la tortue chaussèrent leurs skis et Juanita grimpa sur sa luge.

– Le premier qui arrive en bas a gagné ! cria l'ours, et ils dévalèrent la pente à toute vitesse.

Boniface était en tête, Octave le dépassa. Il avait presque atteint le bas de la piste quand, brusquement, il reçut en pleine figure une volée de boules de neige.

Boniface perdit l'équilibre et tomba. Ses amis, qui le suivaient, n'eurent pas le temps de freiner. Ils s'affalèrent les uns sur les autres.

Octave se dégagea le premier.

– Montre-toi, chenapan ! dit-il en skiant vers le rocher d'où on avait lancé les boules de neige.

Il eut juste le temps d'apercevoir un lapin blanc qui s'enfuyait à skis.

Octave partit à sa poursuite, le rejoignit et l'attrapa par les oreilles.

– Aïe ! C'était pour rire ! dit le petit lapin, tremblant.

– Bon, ça va ! Allez, viens jouer avec nous ! Comment t'appelles-tu ?

– Je suis Ignace, de la montagne. Je peux m'amuser avec vous, c'est vrai ?

Et il suivit le petit ours.

– Voilà notre assaillant ! dit fièrement Octave en présentant Ignace à ses amis.

Ils skièrent tous ensemble, firent de la luge et une grande bataille de boules de neige.

Le soir, Papa Ours tapa dans ses pattes.

– Il est temps de rentrer !

Ignace, perché sur un tas de neige, leur fit un grand signe.

– Au revoir ! À bientôt, mes amis !

Et il retourna dans son terrier.

La mystérieuse grenouille

Octave et Boniface plongeaient et replongeaient dans le lac. Habillés en scaphandriers, ils jouaient à la pêche au trésor.

Soudain, une grenouille rouge passa à quelques mètres d'eux. Elle se dépêchait et nageait très vite.

Quelques instants plus tard, elle regarda à droite et à gauche, puis rentra dans sa grotte sous-marine dont elle boucha l'entrée avec une grosse pierre.

– Tu as vu comme elle se méfie, Boniface ! chuchota Octave. C'est bizarre.

– Hé, elle a peut-être un trésor caché au fond de sa grotte ! dit le singe.

Les deux amis décidèrent d'aller voir cela de près dès que la grenouille ressortirait.

Cachés derrière un rocher, ils attendaient depuis un moment quand, soudain, la pierre qui fermait l'entrée de la grotte bougea.

La grenouille rouge apparut sur le seuil, replaça la pierre et disparut derrière les algues.

– C'est le moment ! Allons-y ! dit Octave.

L'ours et le singe plongèrent. Ils regardèrent par la fenêtre. Douze têtards affamés se jetèrent sur leurs masques de plongée. Effrayés, Octave et Boniface parvinrent à se dégager. Ils se hâtèrent de refaire surface.

De loin, ils aperçurent la grenouille rouge qui regagnait sa grotte avec des provisions pour ses têtards.

Les deux amis nagèrent jusqu'à la berge.

Quelques jours plus tard, Octave et Boniface, juchés sur un arbre, jouaient aux pirates, quand ils virent la grenouille rouge barboter dans le lac avec ses douze têtards devenus grenouilles.

– Hep, grenouille ! cria l'ours du haut de son arbre. On voudrait jouer avec vos petites grenouilles.

– Impossible ! dit-elle. Elles ont trop faim et ne font que manger ! Je n'arrive pas à les rassasier !

Octave et Boniface eurent une idée.

– Grenouille, dit l'ours, attends-nous, nous revenons !

Ils reparurent bientôt avec tous leurs amis.

Octave apportait du miel, Boniface des noix de coco, la tortue tirait une caisse de carottes sous-marines, Ninon portait sous son aile un grand panier rempli de gros œufs blancs. Quant à Juanita, elle avait un régime de bananes dans sa trompe.

– Tenez, grenouille, c'est pour vos petits ! dit Octave.

Les douze petites grenouilles firent un grand festin.

Une fois qu'elles furent rassasiées, Octave organisa une partie de water-polo.

À la fin dc l'après-midi, la grenouille rouge et ses petits regagnèrent leur grotte sous-marine, tandis que leurs amis leur faisaient de grands signes d'adieu depuis la berge.

Le départ d'Octave

Papa Ours avait fini de faire le bûcheron dans la forêt. À présent, il devait aller travailler dans une scierie, dans une ville proche. Il couperait les troncs en planches et le menuisier en ferait des meubles.

Octave était triste.

– Je ne veux pas aller en ville ! disait-il en tapant du pied.

– Et que feras-tu, gros nigaud ? demanda Maman Ourse.

– Je resterai ici et je mangerai des bananes avec Boniface.

– Mais nous allons habiter dans une grande maison, lui dit-elle. Tes amis pourront venir aussi souvent qu'ils voudront. Après tout, il n'y a que quelques kilomètres d'ici à la ville.

Rassuré, le petit ours demanda à ses parents d'organiser une fête pour son départ.

Il aida aux préparatifs. Il accrocha des guirlandes et des lampions aux arbres pendant que son père dressait la table dehors et que sa mère apportait une grande bassine de chantilly.

Les invités arrivèrent : la tortue géante endimanchée, le crocodile dans son costume, Boniface, Ninon, Juanita, leurs parents, et la grenouille rouge et ses douze petites grenouilles.

Octave coupa de grandes tartes, et distribua les parts.

– Qui veut mettre de la chantilly dessus ?

– Moi ! Moi ! crièrent les petites grenouilles.

Elles sautèrent sur la table, grimpèrent sur la cuillère qui dépassait de la bassine et s'en servirent de toboggan pour plonger dans la chantilly. Elles en avaient jusqu'aux yeux ! La grenouille rouge, en colère, cria :

– Sortez de là, bande de goinfres !

Et tout le monde eut sa part de chantilly.

À la nuit tombante, Papa Ours fit un grand feu d'artifice.

– Je vous attends dans ma nouvelle maison ! dit Octave.

Et le petit ours revit très souvent ses amis de la forêt.

comptine

Une araignée sur le plancher

Une araignée
Sur le plancher
Se tricotait des bottes ;
Un limaçon
Dans un flacon
Enfilait sa culotte.
Je regarde au ciel :
Une mouche à miel
Pinçait sa guitare ;
Les rats tout confus
Sonnaient l'angélus
Au son de la fanfare.

Une amie pour Petit Potame

Petit Potame est un petit hippopotame brun, aux yeux ronds et aux oreilles pas plus grandes qu'un timbre-poste. Il vit avec son papa et sa maman dans une jolie maison au bord de l'eau.

À côté de chez eux, il y a une belle maison rose aux volets bleus. Mais personne n'y habite.

Petit Potame s'ennuie car il n'a pas de petit frère ou de petite sœur pour jouer avec lui.

Un soir, il dit à ses parents :

– Puisque je n'ai pas de petit frère, je vais demander au Père Noël de m'en apporter un !

Petit Potame prend une grande feuille de papier, sa boîte de feutres et dessine un hippopotame. Il lui fait une tête rectangulaire, de longues oreilles d'âne, de toutes petites pattes et une queue en tire-bouchon.

– Voilà ! dit Petit Potame quand il a terminé son dessin. C'est le petit frère que je veux pour Noël ! Il est beau, hein ?

– Très beau ! dit monsieur Potame.

– Nous allons envoyer ton dessin au Père Noël ! ajoute madame Potame.

Madame Potame glisse le dessin de Petit Potame dans une enveloppe et inscrit dessus l'adresse du Père Noël.

Le lendemain, madame Potame va en ville et poste le dessin pour le Père Noël. Puis elle achète du pain, du lait et des bananes.

De retour à la maison, madame Potame prépare le déjeuner.

– À table ! dit-elle quand tout est prêt.

Mais soudain, le carillon de la porte d'entrée retentit : ding-dong-ding ! Petit Potame court ouvrir la porte et se trouve nez à nez avec un petit hippopotame bleu.

– Bonjour, je m'appelle Bleuette ! dit le petit hippopotame bleu. Mes parents et moi venons d'emménager dans la maison rose. Nous sommes vos voisins !

Petit Potame pousse un cri de joie : à partir d'aujourd'hui, il ne jouera plus tout seul !

Petit Potame s'amuse tout l'après-midi avec Bleuette. Le soir, il dit à ses parents :

– Maintenant, je ne veux plus de petit frère !

– Alors, dessine ce que tu aimerais que le Père Noël t'apporte à la place d'un petit frère ! dit monsieur Potame en ouvrant son journal.

Petit Potame prend une feuille de papier, sa boîte de feutres et dessine une grande et belle voiture.

– Comme ça, je pourrai emmener Bleuette en promenade ! explique-t-il.

Petit Potame
et la petite souris

Petit Potame fait irruption dans la cuisine.

– Regarde, maman ! Ma dent va tomber ! s'écrie-t-il.

Madame Potame, qui épluchait des pommes de terre, pose son couteau, lave ses pattes et fait ouvrir la bouche à Petit Potame.

– En effet ! dit-elle en touchant la dent de Petit Potame. Ta dent bouge beaucoup !

Madame Potame ajoute :

– Veux-tu que je te l'arrache ?

– Ah non, alors ! crie Petit Potame en faisant un pas en arrière. Elle tombera toute seule !

Petit Potame a hâte que sa dent tombe. D'abord parce que cette dent qui bouge le gêne un peu, mais aussi parce que la petite souris passera et lui apportera un cadeau.

Petit Potame se plante devant la glace pour examiner sa dent. Elle bouge décidément beaucoup ! Pourquoi ne tombe-t-elle pas ?

Avec sa langue, Petit Potame la pousse doucement. Puis un peu plus fort. Et soudain, avant que le petit hippopotame réalise ce qui lui arrive, la dent tombe par terre.

Un peu surpris, Petit Potame regarde dans la glace le trou laissé par la dent. Puis il se met à quatre pattes et recherche sa dent. Il la retrouve près de la commode, la ramasse et, ravi, va la montrer à sa maman.

– Ça y est, maman ! Ma dent est tombée ! s'écrie-t-il.

– Comme je suis contente ! dit madame Potame. Donne-moi ta dent. Nous allons l'envelopper dans un mouchoir, la glisser sous ton oreiller et cette nuit la petite souris passera !

Petit Potame donne sa dent à sa maman. Tout à l'heure, il ira voir Bleuette. Bleuette n'a pas encore perdu de dent. Pour l'impressionner, il lui dira que ça fait très mal !

– Maintenant que ma dent est tombée, j'aimerais bien manger un bonbon ! dit le petit hippopotame.

Madame Potame prend un bocal rempli de bonbons dans le placard et donne un berlingot rose et vert à Petit Potame.

Petit Potame met le bonbon dans sa bouche et fronce les sourcils. Il a du mal à croquer le berlingot à cause de sa dent qui est tombée. Il est obligé de le sucer comme le font les très vieux hippopotames qui ont perdu toutes leurs dents.

– Et si ma dent ne repousse jamais, comment je ferai pour manger des bonbons ? s'inquiète Petit Potame.

Petit Potame regarde sa maman et lui dit :

– Tu sais quel cadeau je vais demander à la petite souris ?

– Tu vas lui demander une petite voiture ? fait madame Potame.

– Non ! répond Petit Potame.

– Un petit livre, alors ?

– Non ! s'écrie Petit Potame. Je vais demander à la petite souris de m'apporter une autre dent !

Petit Potame a peur de l'orage

Aujourd'hui, c'est mercredi. Petit Potame fait des pâtés de sable au bord de l'eau en compagnie de son amie Bleuette.

De temps en temps, Petit Potame s'arrête de jouer et regarde le fleuve avec envie : il fait tellement chaud que le petit hippopotame aimerait bien se baigner ! Mais sa maman lui a défendu d'aller dans l'eau, car il ne sait pas nager.

Au bout d'un moment, Petit Potame dit à Bleuette :

– Il fait trop chaud pour jouer dehors ; je rentre à la maison !

Lourdement, pesamment, Petit Potame rentre chez lui. Il va dans la salle à manger et s'affale sur le canapé. Il fait si chaud que le petit hippopotame n'a plus envie de bouger !

Sa maman l'appelle :

– C'est l'heure de ton bain, Petit Potame !

Tout content, Petit Potame saute dans la baignoire et éclabousse sa maman.

– Fais attention ! dit madame Potame, un peu fâchée.

Monsieur Potame rentre du travail. Il transpire à grosses gouttes et lui aussi veut prendre un bain !

Après le dîner, Petit Potame monte se coucher.

Juste au moment où il se glisse dans les draps, la pluie se met à tomber. Elle frappe aux carreaux comme si elle voulait entrer et tambourine sur le toit. Elle fait : ploc ! ploc ! ploc ! ploc ! On dirait une armée de petites souris en marche !

Petit Potame se lève, ouvre la fenêtre et les volets. Il rit car la pluie entre dans la chambre et mouille son nez, son ventre et ses pieds. Que cette fraîcheur est agréable !

Mais, brusquement, un éclair blanc zèbre le ciel et l'orage se met à gronder. Vite, Petit Potame referme la fenêtre et retourne se coucher.

Pour ne pas voir les éclairs ni entendre le tonnerre, Petit Potame se cache sous les draps et se bouche les oreilles.

Maintenant, l'orage est au-dessus de la maison. Il est tellement violent qu'il fait vibrer les portes et les fenêtres.

Blotti sous les draps, Petit Potame tremble de peur.

– L'orage va emporter la maison, la voiture de papa et mes joujoux ! dit le petit hippopotame.

Et il ajoute :

– L'orage va aussi m'emporter et je ne reverrai plus papa et maman !

Alors Petit Potame saute de son lit et court retrouver ses parents.

Monsieur Potame dort déjà et ronfle bruyamment.

Madame Potame lit un magazine. Elle porte sa jolie chemise de nuit rose et a mis ses bigoudis de toutes les couleurs.

Petit Potame se glisse dans le grand lit, entre son papa et sa maman.

– Ça ne va pas, Petit Potame ? demande madame Potame.

– Si, ça va ! répond Petit Potame. Mais je viens dormir avec toi pour que tu aies moins peur de l'orage !

Petit Potame et le vent

Aujourd'hui, il ne fait pas beau. Il pleut et il y a beaucoup de vent.

Petit Potame s'ennuie. Il ne peut pas aller jouer dans le jardin ni patauger au bord du fleuve.

Quel dommage que Bleuette ne soit pas là ! Elle est allée passer la journée chez sa marraine et ne reviendra que ce soir.

Petit Potame pousse un gros soupir.

– À quoi je pourrais jouer ? dit-il.

Petit Potame prend son ballon. C'est un joli ballon bleu et orange que lui a offert son papa. Petit Potame sait qu'il n'a pas le droit de jouer au ballon dans sa chambre mais tant pis !

Il envoie le ballon contre le mur. Le ballon rebondit et Petit Potame le rattrape en riant.

Petit Potame renvoie le ballon. Et c'est la catastrophe : le ballon heurte la jolie lampe de chevet qui tombe et se casse en mille morceaux !

Petit Potame regarde les morceaux éparpillés sur le parquet.

– Oh là là ! Maman va me gronder ! gémit le petit hippopotame. Qu'est-ce que je vais lui dire ?

Brusquement, Petit Potame a une idée.

Il va trouver sa maman qui tricote dans la salle à manger, s'assied à côté d'elle et lui demande :

– Tu as entendu le grand bruit dans ma chambre ?

– Oui ! fait madame Potame. Qu'est-ce que c'était ?

Petit Potame regarde le bout de ses chaussures et répond :

– Je jouais gentiment quand le vent est entré dans ma chambre. Il a soufflé si fort qu'il a fait tomber ma lampe de chevet et l'a cassée !

– Qu'est-ce que c'est que cette histoire ? s'écrie madame Potame.

Madame Potame pose ses aiguilles à tricoter, se lève et va dans la chambre de Petit Potame.

Pas très rassuré, Petit Potame suit sa maman dans la chambre.

– Mais comment le vent a-t-il pu entrer dans ta chambre ? La fenêtre est fermée ! s'exclame madame Potame.

– Je ne sais pas ! fait Petit Potame d'une toute petite voix.

Madame Potame s'accroupit devant Petit Potame et lui dit :

– Je vais te dire ce qui s'est vraiment passé : c'est toi qui as cassé la lampe en jouant avec ton ballon !

– Comment le sais-tu ? demande Petit Potame, étonné.

– C'est le vent qui me l'a dit ! répond madame Potame.

Petit Potame a fait un cauchemar

Au cœur de la nuit, un bruit réveille Petit Potame.

Petit Potame ouvre les yeux. Comme il fait sombre dans la chambre ! Heureusement que la petite veilleuse jaune, au-dessus de la commode, apporte un peu de lumière !

Soudain, Petit Potame pousse un cri de frayeur : à côté du coffre à jouets, il y a une forme noire !

La forme noire traverse la chambre, s'approche de Petit Potame et le tire par la patte. Petit Potame se débat et crie :

– Laisse-moi tranquille !

Petit Potame se démène tellement qu'il s'empêtre dans les draps et tombe par terre, boum !

Le petit hippopotame a très peur. Il cache sa tête dans ses pattes et se met à pleurer.

Quelqu'un le soulève et le recouche.

Est-ce la forme noire ?

Non, c'est madame Potame ! Réveillée par les pleurs de Petit Potame, madame Potame s'est levée et a trouvé le petit hippopotame en larmes, au pied de son lit.

– Eh bien, Petit Potame, que t'arrive-t-il ? lui demande-t-elle.

Encore tremblant, Petit Potame dit :

– J'ai fait un cauchemar, maman !

– As-tu envie de me raconter ce vilain cauchemar ? demande encore madame Potame.

– Oh oui ! s'écrie Petit Potame.

Il s’installe tout contre sa maman et raconte :

– Une forme noire s’est approchée de mon lit, m’a tiré par la patte et m’a fait tomber !

– Je sais qui c’était ! s’écrie madame Potame.

– C’était qui ? demande Petit Potame, tout surpris.

– C’était ton ombre qui n’avait pas sommeil et qui est venue te réveiller pour que tu joues avec elle !

Petit Potame éclate de rire et s’écrie :

– La coquine ! Elle m’a fait une belle peur !

Pour lui faire oublier sa frayeur, madame Potame lui chante une chanson. Bercé par la chanson, Petit Potame ferme les yeux et se rendort très vite.

Le lendemain matin, Petit Potame va faire des courses avec sa maman et Bleuette.

Le ciel est bleu, le soleil brille et le petit hippopotame est heureux. Il gambade sur le trottoir et joue avec son ombre.

L'ombre fait tout ce qu'il fait : Petit Potame lève les pattes et l'ombre lève les pattes, Petit Potame court et l'ombre court.

– Regarde mon ombre, elle me copie ! dit-il à Bleuette.

Soudain, un nuage cache le soleil et l'ombre disparaît.

– Où est mon ombre ? demande Petit Potame à sa maman.

– Elle est allée se coucher car elle était fatiguée ! répond madame Potame en riant.

Petit Potame s'écrie :

– Voilà ce que c'est que de ne pas dormir la nuit !

Petit Potame à la fête foraine

Cet après-midi, papy et mamie vont emmener Petit Potame à la fête foraine.

– C'est vrai qu'il y a des manèges et des toboggans ? demande Petit Potame à son papa pendant le repas.

– Oui, et plein d'autres choses encore ! répond monsieur Potame.

Petit Potame est tellement excité qu'il oublie de manger son jambon et ses petits pois.

– Dépêche-toi de manger ! lui dit madame Potame. Papy et mamie vont bientôt arriver !

Quand papy et mamie arrivent, Petit Potame est prêt : il s'est brossé les dents, a enfilé son blouson et mis un bonnet car il est un peu enrhumé.

– Allez, on s'en va ! s'écrie le petit hippopotame en tirant sa mamie par la manche de son manteau.

Il y a beaucoup de monde à la fête foraine.

– Ne t'éloigne pas de nous ! recommande papy.

Petit Potame s'arrête devant un manège. Il regarde un beau carrosse blanc et doré sur le manège et dit :

– Je veux monter dans le carrosse !

Son papy l'installe dans le carrosse.

Le manège commence à tourner et le carrosse se met à monter et à descendre. Petit Potame n'avait pas prévu ça !

– Je veux descendre ! crie-t-il.

Un peu plus loin, un petit singe fait des cabrioles au son d'une flûte.

– Qu'il est mignon ! dit Petit Potame en s'approchant du singe.

Mais le singe, vif et espiègle, saute sur Petit Potame et lui arrache son bonnet !

Petit Potame est très vexé. Si Bleuette avait été là, elle se serait bien moquée de lui !

– Veux-tu aller dans le train fantôme ? demande papy.

– Oh oui ! répond Petit Potame.

Mais, dans le train fantôme, il y a des squelettes, des toiles d'araignées et, bien sûr, des fantômes ! Petit Potame est terrifié et se blottit contre sa grand-mère.

En sortant du train fantôme, le petit hippopotame dit :
– J'ai faim !
À quelques pas, un marchand vend de drôles de bonbons blancs.
– Je veux des bonbons ! s'écrie Petit Potame.
– Ce ne sont pas des bonbons mais du pop-corn ! dit sa mamie.
– Qu'est-ce que c'est, du pop-corn ? demande Petit Potame.
– Ce sont des grains de maïs qu'on a fait cuire et qu'on a roulés dans le sucre ! explique mamie.
Mamie achète un grand paquet de pop-corn.
C'est tellement bon que Petit Potame mange tout le paquet !
– Rentrons, maintenant ! dit papy.
De retour à la maison, Petit Potame se jette dans les bras de sa maman.
– Alors, tu t'es bien amusé ? demande madame Potame.
– Oh oui ! s'écrie Petit Potame.
– Qu'est-ce que tu as le plus aimé ? demande monsieur Potame.
Sans hésiter, Petit Potame répond :
– Le pop-corn !

Petit Potame est malade

D'habitude , quand Petit Potame rentre de promenade, il a très faim et réclame à manger.

Mais aujourd'hui, Petit Potame ne veut pas goûter.

– Ça ne va pas, Petit Potame ? demande sa maman.

– J'ai mal à la gorge ! répond le petit hippopotame.

Madame Potame pose sa grosse patte sur la tête de Petit Potame et fronce les sourcils.

– Tu as de la fièvre ! s'écrie-t-elle. Mets-toi vite au lit !

Petit Potame se couche et madame Potame lui prend sa température.

– Tu as beaucoup de température ! dit madame Potame

en regardant le thermomètre. Je vais appeler le docteur Bouclette !

Petit Potame est inquiet.

– Qui est le docteur Bouclette ? Pourvu qu'il ne me fasse pas de piqûre !

Sur le mur, en face de son lit, le petit hippopotame voit danser des formes bizarres. « Le docteur Bouclette va te faire des piqûres ! » semblent-elles lui dire.

Blotti sous les couvertures, Petit Potame gémit.

La porte de sa chambre s'ouvre doucement et un mouton bouclé apparaît.

– Bonsoir ! bêle le mouton. Je suis le docteur Bouclette !

Le docteur Bouclette examine la gorge de Petit Potame. Il examine aussi son nez et ses oreilles et lui palpe le ventre.

– Tu as une angine ! déclare le docteur Bouclette.

– Vous allez me faire une piqûre ? demande Petit Potame tout tremblant.

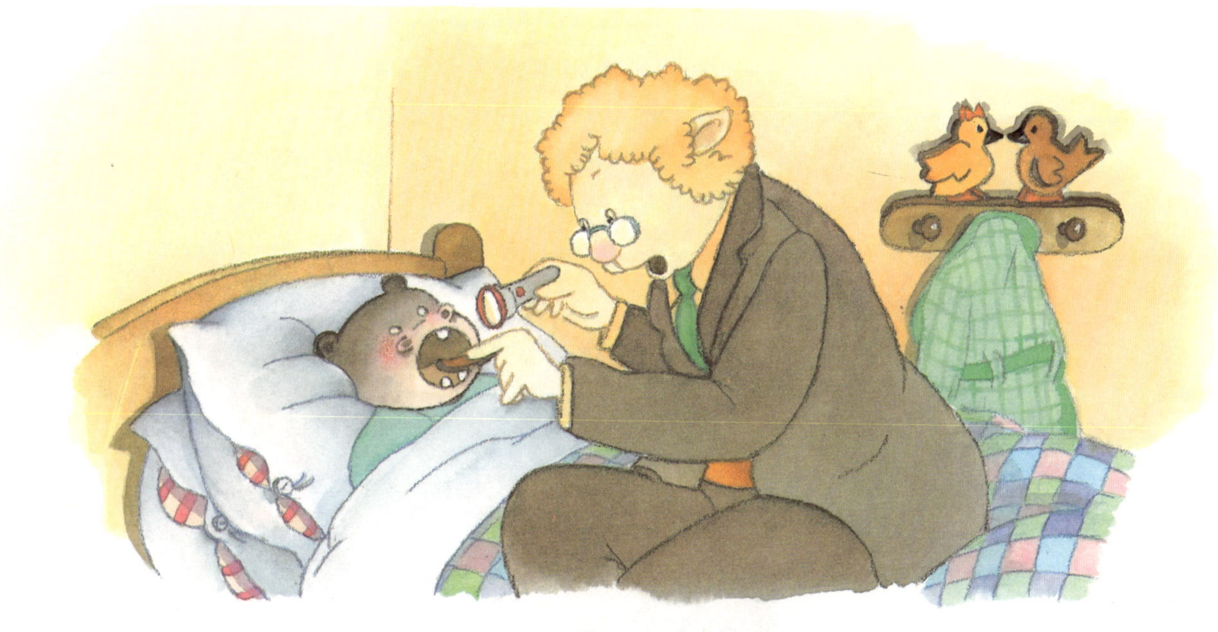

– Mais non ! répond le médecin en riant. Je vais te donner des médicaments et tu vas guérir très vite !

Petit Potame est soulagé. Il ferme les yeux, car il a la tête un peu lourde, et s'endort.

Quand il se réveille, il trouve sa maman à son chevet.

– Je suis allée à la pharmacie pendant que tu dormais. Prends tes médicaments, Petit Potame ! dit-elle.

On sonne à la porte. C'est Bleuette qui apporte un gâteau et de la tisane à Petit Potame.

– Merci, Bleuette ! s'écrie Petit Potame.

– Moi aussi, j'ai une surprise pour toi ! dit madame Potame.

Madame Potame sort de la chambre et revient avec un bel album de coloriages et des crayons de couleur.

– Comme c'est agréable d'être malade ! dit Petit Potame, tout joyeux.

Une souris verte

Une souris verte
Qui courait dans l'herbe,
Je l'attrape par la queue,
Je la montre à ces messieurs.
Ces messieurs me disent :
– Trempez-la dans l'huile,
Trempez-la dans l'eau,
Elle deviendra un escargot
Tout chaud.

Le carnaval

Vanille et Fraise sont sœurs jumelles. Mais elles ne se ressemblent pas beaucoup. Vanille est toute blonde et a un nez aussi rond qu'une pastille de menthe. Fraise est rousse et a un nez aussi pointu que le capuchon d'un feutre.

Vanille et Fraise vivent avec leur papa et leur maman dans une jolie maison aux murs jaunes et au toit rouge.

Un matin, madame Sorbet, la maman de Vanille et Fraise, montre un joli livre aux petites filles et leur dit :

– C'est bientôt le carnaval. Choisissez un déguisement dans ce livre et je vous le ferai !

Vanille choisit un déguisement de guêpe et Fraise un déguisement d'oiseau. Madame Sorbet passe ses soirées à confectionner les costumes des petites filles. Quand le carnaval arrive, les déguisements sont terminés.

– Qu'ils sont beaux ! Merci, maman ! s'écrient Vanille et Fraise en enfilant leur costume.

Fraise contemple ses plumes multicolores d'un air émerveillé. Vanille bourdonne comme une guêpe en agitant ses ailes en papier crépon.

Puis les petites filles vont dans la rue se faire admirer par les voisins.

– En quoi êtes-vous déguisées ? demande un vieux monsieur qui ne voit pas très bien.

– Moi, je suis déguisée en guêpe et ma sœur en oiseau ! explique Vanille.

– Que vous êtes jolies ! s'écrie une dame qui tient un gros chat dans ses bras.

Soudain, le chat saute des bras de la dame et s'approche de Fraise. Il renifle la petite fille et se met à gronder. Affolée, Fraise rentre chez elle en criant et se jette dans les bras de sa maman.

– Plus jamais je ne me déguiserai en oiseau ! sanglote la petite fille.

– Mais pourquoi ? demande madame Sorbet.

– Parce que le chat de la voisine a voulu me manger !

L'ours en peluche

Vanille a un bel ours en peluche. Il est marron avec des yeux ronds et brillants et une jolie truffe noire. La petite fille aime beaucoup son ours et l'emmène partout avec elle. Un après-midi, Vanille entre dans la chambre de sa sœur et lui demande :

– Je ne trouve pas Nounours. Tu ne l'as pas vu ?

– Non ! répond Fraise sans lever les yeux de son livre d'images.

Vanille sort de la chambre en soupirant. Où Nounours peut-il bien être ?

La petite fille va dans la cuisine et appelle :

– Nounours ! Nounours !

Elle ouvre un placard, un autre, encore un autre : pas de Nounours ! Elle se rend dans la salle de bains, regarde derrière la porte, dans la baignoire : pas de Nounours ! Elle va dans la chambre de ses parents, regarde sous le lit : pas de Nounours !

– Où es-tu, Nounours ? crie la petite fille.

Et si Nounours était dans le garage ? Vanille y est allée tout à l'heure avec son papa. Vanille se rend dans la grande pièce froide qui sent un peu l'essence. Mais elle a beau chercher, elle ne trouve pas Nounours.

La petite fille retourne dans sa chambre et s'écrie, désespérée :

– J'ai perdu Nounours !

Mais brusquement, une petite patte marron qui dépasse du coffre à jouets attire son attention. Vanille soulève le couvercle en osier et découvre Nounours coincé entre deux poupées et un ballon.

Alors la petite fille s'exclame, un peu fâchée :

– Dis donc, Nounours, pourquoi tu ne réponds pas, quand je t'appelle ?

L'aspirateur

Fraise est malade. Le médecin est venu. Il lui a prescrit des médicaments et lui a défendu d'aller dehors.

Seulement, Fraise n'a pas beaucoup de température et s'ennuie. Dans sa chambre, la petite fille tourne en rond.

Soudain, un bruit familier l'attire dans le couloir : c'est madame Sorbet qui passe l'aspirateur.

– Vououououh ! fait le gros appareil.

On dirait un animal qui réclame à manger.

Fraise sort un mouchoir en papier de la poche de son pyjama et le donne à l'aspirateur qui l'avale gloutonnement.

La petite fille rit et demande à sa maman :

– Dis maman, je peux passer l'aspirateur ?

– Oui, mais pas longtemps ! répond madame Sorbet.

Fraise s'empare de l'aspirateur, le traîne dans sa chambre et dit :

– Il y a de la poussière sous mon lit, viens la manger !

Le gros appareil ne se fait pas prier. Il avale toute la poussière et même une feuille de papier. Ensuite, Fraise traîne l'aspirateur dans la chambre de Vanille.

– Là aussi, il y a de la poussière ! Tu vas te régaler !

– Vououououh ! gronde l'aspirateur en engloutissant un vieux mouchoir, une coque de noix et un stylo.

– C’est bon, hein ? dit Fraise.

Pour finir, la petite fille tire l’aspirateur dans la cuisine. Sur la table, une salade épluchée attend d’être lavée.

Fraise avise quelques feuilles flétries et s’écrie :

– Tiens, tu vas manger les vilaines feuilles !

Mais slurp ! l’aspirateur avale toute la salade.

– Gros gourmand ! crie la petite fille.

Attirée par les cris de Fraise, madame Sorbet surgit dans la cuisine.

– Mais… où est la salade ? demande-t-elle, sourcils froncés.

Fraise explique, l’air embêté :

– C’est l’aspirateur qui l’a avalée, maman ! Mais ne le gronde pas : il avait drôlement faim, il n’avait rien mangé depuis quatre jours !

La dompteuse de lions

Monsieur et madame Sorbet emmènent Vanille et Fraise au cirque. Que de monde, que de bruit sous le grand chapiteau rayé !

Bientôt, le spectacle commence. Vanille et Fraise, yeux écarquillés, regardent des lions passer à travers des cerceaux enflammés.

– Qu'est-ce qu'ils sont forts, les lions ! s'écrie Vanille.

Après les lions viennent les clowns qui font rire aux larmes les petites filles, puis des trapézistes qui donnent le vertige à toute la famille.

À l'entracte, monsieur Sorbet achète des esquimaux à Vanille et Fraise.

– Moi, plus tard, j'aurai trois lions très gros et je grimperai sur leur dos ! déclare Vanille en léchant son esquimau au chocolat.

Un roulement de tambour annonce la reprise du spectacle.

Une jeune fille jongle avec des boules multicolores.

– Je préfère les lions ! dit Vanille en bâillant.

Une écuyère, très jolie dans son tutu pailleté, fait des pirouettes sur un cheval blanc. Mais Vanille la regarde à peine : elle pense à ses lions !

Après le spectacle, la famille rentre à la maison.

Vanille est très excitée. Elle gambade sur le trottoir en criant :

– Quand je serai grande, je serai dompteuse de lions, tralalalalère !

– Tu pourrais commencer à t'entraîner avec des chats ! dit son papa en riant.

Arrivés à la maison, monsieur et madame Sorbet vont se reposer un peu. Soudain, madame Sorbet entend des bruits bizarres. Ils viennent de la chambre de Vanille.

Madame Sorbet va frapper à la porte de la petite fille et demande :

– Vanille, que fais-tu ?

Pas de réponse.

Très inquiète, madame Sorbet ouvre la porte et manque s'évanouir : dans la chambre de Vanille, il y a trois gros chats qui crachent, grondent et font le gros dos !

– Qu'est-ce… qu'est-ce que ces bêtes font ici ? bredouille madame Sorbet.

– Ce sont les voisins qui m'ont prêté leurs chats ! Si je veux être dompteuse, il faut bien que je m'entraîne ! C'est papa qui l'a dit ! répond Vanille en haussant les épaules.

Fraise a mal au ventre

– À table ! dit madame Sorbet.

Monsieur Sorbet qui travaillait pose son stylo, se lève et se rend dans la cuisine.

– Ça sent bon ! s'écrie-t-il.

Vanille et Fraise arrivent en sautillant. Les petites filles s'assoient, nouent leur serviette autour du cou et demandent :

– Qu'est-ce qu'on mange ?

– Pour commencer, du potage aux légumes… dit madame Sorbet.

– Berk ! Je n'aime pas le potage ! s'exclame Fraise.

– Puis une omelette… poursuit madame Sorbet.

– Berk ! Je n'aime pas l'omelette ! s'exclame encore Fraise.

Madame Sorbet verse une louche de potage dans l'assiette de Fraise. Puis elle sert Vanille, monsieur Sorbet, et se sert.

Tout le monde mange avec appétit. Sauf Fraise.

– Elle n'est pas bonne, ma soupe ? demande madame Sorbet à la petite fille.

Fraise ne répond pas. Fraise fait la grimace.

– Qu'est-ce qu'il y a, Fraise ? demande monsieur Sorbet.

– J'ai mal au ventre ! pleurniche la petite fille.

Et pour montrer qu'elle a très mal, elle fait : « Ouille ouille ouille ! » en se tenant le ventre.

– Va te coucher si tu as mal au ventre ! dit madame Sorbet.

Mais la petite fille secoue la tête et répond :

– Non, je veux rester à table !

Après le potage, madame Sorbet sert l'omelette.

– Tu ne veux pas en manger un peu ? demande-t-elle à Fraise.

– Non, j'ai trop mal au ventre ! grogne Fraise.

Pour finir, madame Sorbet pose sur la table une superbe tarte au citron. C'est le dessert préféré de Fraise.

Alors la petite fille s'écrie, les yeux brillants et la mine gourmande :

– Tu vas être contente, maman : je n'ai plus mal au ventre !

Des lunettes pour Vanille

Cet après-midi, madame Sorbet doit emmener Vanille chez l'opticien car la petite fille a besoin de lunettes. Pendant le déjeuner, Fraise demande :

– Pourquoi il faut que Vanille porte des lunettes ?

– Parce qu'elle est atteinte de myopie... répond madame Sorbet.

– C'est quoi, la myopie ? demande encore Fraise.

– La myopie, c'est quand on voit mal les objets éloignés ; c'est le médecin qui me l'a expliqué ! dit Vanille d'une toute petite voix.

– Moi, j'aimerais pas être atteinte de myopie ! s'écrie Fraise, la bouche pleine.

Il n'en faut pas plus pour que Vanille éclate en sanglots : c'est qu'elle n'a pas envie d'aller chez l'opticien et encore moins de porter des lunettes !

Madame Sorbet console la petite fille :

– Ne pleure pas ! Je vais t'acheter de si jolies lunettes que tes petites amies voudront avoir les mêmes !

Mais Vanille est inconsolable et touche à peine à son repas.

Elle arrive chez l'opticien, les yeux rouges et gonflés.

– En voilà une petite fille triste ! s'écrie l'opticien.

– Elle veut pas porter de lunettes ! explique Fraise qui a tenu à accompagner sa sœur.

– Eh bien, quand elle aura vu mes lunettes, je suis sûr qu'elle changera d'avis ! dit l'opticien gentiment.

Et il montre à Vanille des lunettes de toutes les couleurs : des roses à pois bleus, des rouges avec des petits cœurs verts, des jaunes avec des fleurs violettes et même des écossaises !

Vanille n'a plus du tout envie de pleurer. Elle s'empare des lunettes roses et les plante sur son nez. Puis elle essaie les rouges, les jaunes, les écossaises…

Fraise regarde les lunettes avec envie. Comme elles sont jolies ! Comme elle aimerait en porter ! Mais pour cela, il faut être atteinte de myopie !

Tout en se tortillant, Fraise demande à Vanille :

– Dis, parmi tous mes jouets, c'est quoi ceux que tu préfères ?

– Ta poupée et ton chat en peluche ! répond Vanille, les lunettes rouges sur le nez.

Alors Fraise s'écrie :

– Si tu me donnes ta myopie, je te donnerai ma poupée, mon chat et même ma boîte de peinture !

Potiron et la petite souris

Vanille et Fraise sont en vacances chez tante Clémentine.

Tante Clémentine est une charmante vieille dame qui vit dans une petite maison avec son chat Potiron.

Ce matin, tante Clémentine a acheté des bonbons aux petites filles. Elle leur donne le paquet en disant :

– Ne vous gavez pas de bonbons, nous allons bientôt déjeuner !

Mais Vanille et Fraise n'écoutent pas leur tante et elles mangent un, deux, trois, quatre, cinq bonbons…

Soudain, Fraise pousse un petit cri : en croquant un bonbon, sa dent qui bougeait est tombée ! Tante Clémentine met la dent de Fraise dans un petit mouchoir et dit :

– Glisse ce mouchoir sous ton oreiller. Cette nuit, la petite souris passera et, en échange de ta dent, elle te donnera un petit cadeau !

Puis la vieille dame retourne dans la cuisine. Pendant que tante Clémentine prépare le déjeuner, Fraise joue avec Potiron. Elle lui lance une balle en mousse. Le chat bondit sur la balle, l'attrape et revient vers la petite fille en tenant fièrement le jouet dans sa gueule.

– Il ne serait pas plus fier s'il avait attrapé une souris ! s'écrie tante Clémentine.

– Il a déjà attrapé des souris ? demande Fraise.

– Oh oui, plus d'une fois ! répond la vieille dame en riant.

– Alors cette nuit, tu enfermeras Potiron dans ta chambre ! dit Fraise gravement.

– Pourquoi ? s'étonne tante Clémentine.

La petite fille répond :

– Parce que cette nuit la petite souris va passer, et si Potiron l'attrape, je n'aurai pas de cadeau !

La vieille dame rit de plus belle et se dit que Vanille et Fraise sont d'amusantes petites filles. Oui, vraiment !

comptine

J'aime la galette

J'aime la galette,
Savez-vous comment ?
Quand elle est bien faite
Avec du beurre dedans.
Tra la la la la la la la lère
Tra la la la la la la la la.
} *(bis)*

Mirabelle et le fantôme

Mirabelle est une drôle de petite fille !

Elle a trois amis… trois amis inséparables : Polo l'escargot, Croco le poisson rouge qui ne quitte jamais son bocal, et ce coquin de Cokinou, le petit singe qui fait le fou !

Mirabelle habite dans la maison de grand-père Fildefer. Cet après-midi, il est parti travailler. Mirabelle lit tranquillement, allongée sur le tapis.

Dreling dreling ! Quel est donc ce bruit ?

DRELING DRELING ! DRELING DRELING !

Dreling dreling ! Polo sort la tête hors de sa coquille :

– Des clochettes ? Je préfère me mettre à l'abri dans ma maison.

– Tu as raison, approuve le poisson.

Dreling dreling ! Le bruit se rapproche. Mirabelle commence à s'inquiéter : quelqu'un monte l'escalier. C'est peut-être un voleur de poisson rouge ou un chasseur d'escargot ?

– Cokinou ! appelle la petite fille. Viens vite avec nous !

Mais le singe coquin n'entend rien du tout.

Dreling dreling ! Mirabelle attrape Polo et le bocal de Croco et vite, elle se réfugie sous le lit, en chuchotant :

– Zut et bout de ficelle ! Cachons-nous !

Dreling dreling ! Une forme blanche glisse dans le couloir en agitant des clochettes. La porte s'ouvre doucement…

Et qui pénètre dans la chambre ? Un fantôme !

Sous le lit, pas un bruit. Mirabelle respire à peine. Un vrai fantôme ! Comment va-t-elle lui échapper ?

– Je vais l'assommer avec ma poupée de bois, murmure la petite fille.

– Attention ! souffle Croco. Il est peut-être dangereux.

Pendant que le fantôme ne la regarde pas, Mirabelle rampe lentement sur le tapis. Encore deux mètres jusqu'à la table…

Le fantôme ne la voit pas. Il se dandine… dreling dreling ! Il se trémousse par-ci par-là.

Soudain, le vent s'engouffre par la fenêtre et soulève le grand drap blanc. Bizarre… Un fantôme avec une queue ? Un fantôme qui ressemble à un singe ?

– Zut et bout de ficelle ! s'écrie Mirabelle. C'est cet affreux Cokinou qui s'est déguisé ! Attends un peu que je t'attrape !

Le singe coquin s'enfuit en courant. Pas moyen de le rattraper ! Tout à coup, Cokinou ouvre des yeux ronds et bafouille :

– Un vrai fanfan… Un vrai fantôme !

En effet, le drap s'envole par la fenêtre, emporté par un courant d'air. De nuage en nuage, il s'éloigne comme un grand oiseau blanc. Alors Cokinou roule sur le tapis en lançant son cri préféré :

– Youpi you ! Tu m'en veux encore ?

– Mais non ! dit Mirabelle. Maintenant, arrête de faire le fou !

Tous les deux éclatent de rire et Polo l'escargot pointe ses cornes hors de sa coquille :

– Je n'avais pas peur, moi ! Les fantômes, ça n'existe pas !

Mirabelle et tante Mouchi-Mouchi

À midi, grand-père Fildefer annonce avec sérieux :

– Aujourd'hui, la vieille tante Mouchi-Mouchi viendra prendre le thé. Tu seras aimable, Mirabelle ! Je vous rejoindrai dès que je le pourrai.

Pouah ! Tante Mouchi-Mouchi a un nez crochu et un mauvais caractère ; elle ressemble vraiment à une sorcière ! Mirabelle ne l'aime pas beaucoup, mais elle ordonne à ses trois amis :

– Cokinou, reste dans la chambre ! Polo, ne bave pas trop ! Et toi, Croco, n'éclabousse pas tout !

Peu après, la sonnette retentit. Voilà tante Mouchi-Mouchi, coiffée de son chapeau couvert de fruits et d'oiseaux ! Elle dépose un baiser piquant sur la joue de Mirabelle.

– Bonjour, dit la petite fille.

– Tu es bien mal coiffée ! fait tante Mouchi-Mouchi en plissant les yeux. Le thé est prêt ?

– Oui, et je vous ai préparé une galette.

– Je n'aime que les tartes à la crème, grogne la vieille tante.

À ce moment-là, la porte de la salle à manger s'entrouvre, et Cokinou entre à pas de loup.

– Qu'est-ce que c'est que ça ? sursaute tante Mouchi-Mouchi.

– C'est mon singe Cokinou, répond Mirabelle.

– Quelle horreur ! Et que porte-t-il ?

– Le bocal de mon poisson rouge, explique la petite fille. Et sur son épaule, il y a Polo, mon escargot !

– Affreux ! C'est affreux ! répète la vieille dame, épouvantée.

Mirabelle en a assez et elle annonce, en disparaissant dans la cuisine :

– Je vais chercher le thé !

Au même instant, un hurlement se fait entendre :

– Ah ! Au secours !

Mirabelle accourt, portant un plateau.

Que se passe-t-il donc ? Cokinou a déposé le bocal sur la table, l'escargot baveux sur l'épaule de tante Mouchi-Mouchi et il a volé le drôle de chapeau.

– Au secours ! Mon chapi… mon chachapeau !

– Je vous verse une tasse de thé ? propose poliment Mirabelle en récupérant délicatement Polo.

– J'ai horreur du thé sans tarte à la crème, je te l'ai déjà dit ! répond tante Mouchi-Mouchi.

Hop ! Le singe bondit vers la cuisine. Hop ! Il en rapporte un pot de crème, et plaf ! il le lance vers tante Mouchi-Mouchi qui s'enfuit en courant.

– Tu exagères ! proteste Mirabelle.

– Youpi you ! Elle l'a bien mérité ! s'écrie le petit singe tout fou.

Ah, quel coquin, ce Cokinou !

Mirabelle et marraine Marie Magic

Aujourd'hui, Mirabelle est invitée chez sa marraine, Marie Magic. Marie Magic est jongleuse au cirque de l'As de Pique. Elle jongle avec n'importe quoi : des bouteilles, des assiettes et des torches enflammées !

Mirabelle a laissé le bocal de Croco à la maison. Seuls Polo et Cokinou l'accompagnent.

– Bonjour, marraine !

– Bonjour, ma petite Mirabelle ! dit Marie Magic. Va faire un tour pendant que je m'entraîne.

– Chic, chic ! s'écrie Cokinou.

– Mirabelle, surveille bien ton singe ! ajoute Marie Magic. Attention aux lions et aux panthères !

Mirabelle se promène entre les caravanes, son escargot sur l'épaule. Elle salue au passage l'âne Nanas et Omer, le dromadaire. Tiens… où est donc Cokinou ? Mirabelle regarde de tous les côtés et elle s'inquiète :

– Zut et bout de ficelle ! Il s'est caché !

Tout à coup, des cris retentissent :

– Voleur ! Viens ici !

Mirabelle se retourne. C'est le clown Triple-Boum qui poursuit Cokinou ! Coiffé d'une perruque à bouclettes vertes, le singe emporte à toute vitesse un gros pot de peinture.

– Voleur ! Voleur ! répète le clown.

– Cokinou, rends tout de suite ce que tu as pris ! ordonne Mirabelle.

Mais le petit singe n'obéit pas et… Patatras ! il glisse dans une flaque d'eau. Le pot s'envole vers le ciel et retombe sur la tête de Triple-Boum, qui applaudit :

– Bravo, Cokinou ! Tu ferais un bon clown. C'est un spécialiste qui te le dit !

Après trois pirouettes, le singe disparaît de nouveau.

– Où est-il encore passé ? demande Mirabelle en colère.

Là-haut, sur le dos de Léo l'éléphant, un petit bonhomme fait le singe savant. Le visage barbouillé de rouge, de vert et de blanc, il salue par-ci, il salue par-là.

– Mais c'est Cokinou ! sursaute Mirabelle. Descends immédiatement !

Elle fait un pas en avant. Attention ! Le gros éléphant allonge sa trompe et saisit la petite fille par la jambe.

– Marraine Marie Magic, au secours ! hurle Mirabelle.

À ces cris, la jongleuse, l'équilibriste, l'écuyère, le dompteur et Triple-Boum accourent aussitôt.

– Si elle tombe, elle va se fracasser la tête… gémit le clown.

Marie Magic attrape une poignée de cacahuètes et commence à jongler à côté d'un gros tas de foin. Léo l'éléphant cligne des yeux, tend la trompe et lâche Mirabelle qui atterrit sur un drôle de coussin. Du foin dans les cheveux, du foin dans les oreilles… mais ouf ! pas le moindre bleu !

Encore toute tremblante, Mirabelle se blottit dans les bras de Marie Magic. Elle se demande si elle n'a pas rêvé. Non, cet affreux Cokinou est encore couvert de maquillage.

– Quel coquin, murmure la petite fille. Mais je l'aime bien !

Mirabelle et les bulles

Chic, c'est l'heure du bain ! Polo l'escargot glisse sur le bord du lavabo. Croco le poisson rouge roule de grands yeux dans son bocal. Et le petit singe Cokinou fait le fou.

Mirabelle attrape une bouteille et verse quelques gouttes bleues dans la baignoire :

– Un peu de bain moussant, évidemment !

Mais que fait Cokinou pendant que la petite fille ne le regarde pas ? Il renverse tout le contenu de la bouteille dans la baignoire ! Le bain se met à mousser, mousser, mousser sans s'arrêter. Des bulles multicolores tourbillonnent de tous côtés.

– Je suis un vrai magicien ! s'écrie Cokinou, fier de lui.

En riant, Mirabelle plonge dans l'eau. Des bulles rouges, vertes et bleues dansent et brillent dans toute la maison.

Soudain, la petite fille s'écrie :

– Il est tard ! Grand-père Fildefer va bientôt arriver. Faisons vite un courant d'air !

Fffff… Le vent s'engouffre dans la maison et emporte par la fenêtre les milliers de bulles. Quel feu d'artifice !

Quelqu'un ouvre lentement la porte. Des lunettes rondes et des moustaches blanches, toutes douces… Voilà grand-père Fildefer ! Il inspecte la maison d'un air méfiant : en haut, en bas, devant, derrière… mais toute la mousse s'est envolée !

– Bonjour, grand-père !

– Bonjour, Mirabelle ! Coucou, Cokinou ! Hum… Qu'avez-vous inventé ?

– Youpi you ! Rien du tout ! répond le petit singe en disparaissant dans un placard.

Par la fenêtre, grand-père Fildefer aperçoit tout à coup des milliers de bulles qui tourbillonnent dans le vent, et il soupire avec un clin d'œil :

– Oh, oh ! C'est encore de la faute de Croco !

– De Croco, de Polo… ou peut-être de Cokinou ? dit Mirabelle qui éclate de rire.

Ah, quel coquin, ce singe malin !

Mirabelle dans la forêt

Mirabelle et ses trois amis se promènent dans la forêt. Les feuilles s'envolent en tourbillons. Le petit singe s'élance de branche en branche.

– Reste avec nous, Cokinou ! ordonne Mirabelle. On va bientôt rentrer.

Dans le panier de Mirabelle, Polo l'escargot se repose sans bruit et Croco le poisson rouge fait des bulles dans son bocal.

Soudain, Mirabelle s'inquiète :

– Tu es sûr que c'est le bon chemin ?

– Youpi you ! Évidemment ! répond Cokinou.

Mais tous les sentiers se ressemblent. Des arbres, toujours des arbres : devant, derrière, de tous côtés. Comment sortir de la forêt ?

La nuit tombe peu à peu, cachant les sentiers, les buissons, le moindre recoin. Croco ne bouge plus. Polo l'escargot glisse au fond de la poche de Mirabelle et se recroqueville dans sa coquille.

À gauche, à droite, de grandes ombres se balancent, ffff !... et le vent souffle entre les branches.

– On est perdus, sanglote Mirabelle. On ne retrouvera plus jamais la maison. Ni marraine Marie Magic.

– Ni grand-père Fildefer... ajoute Cokinou en tremblant.

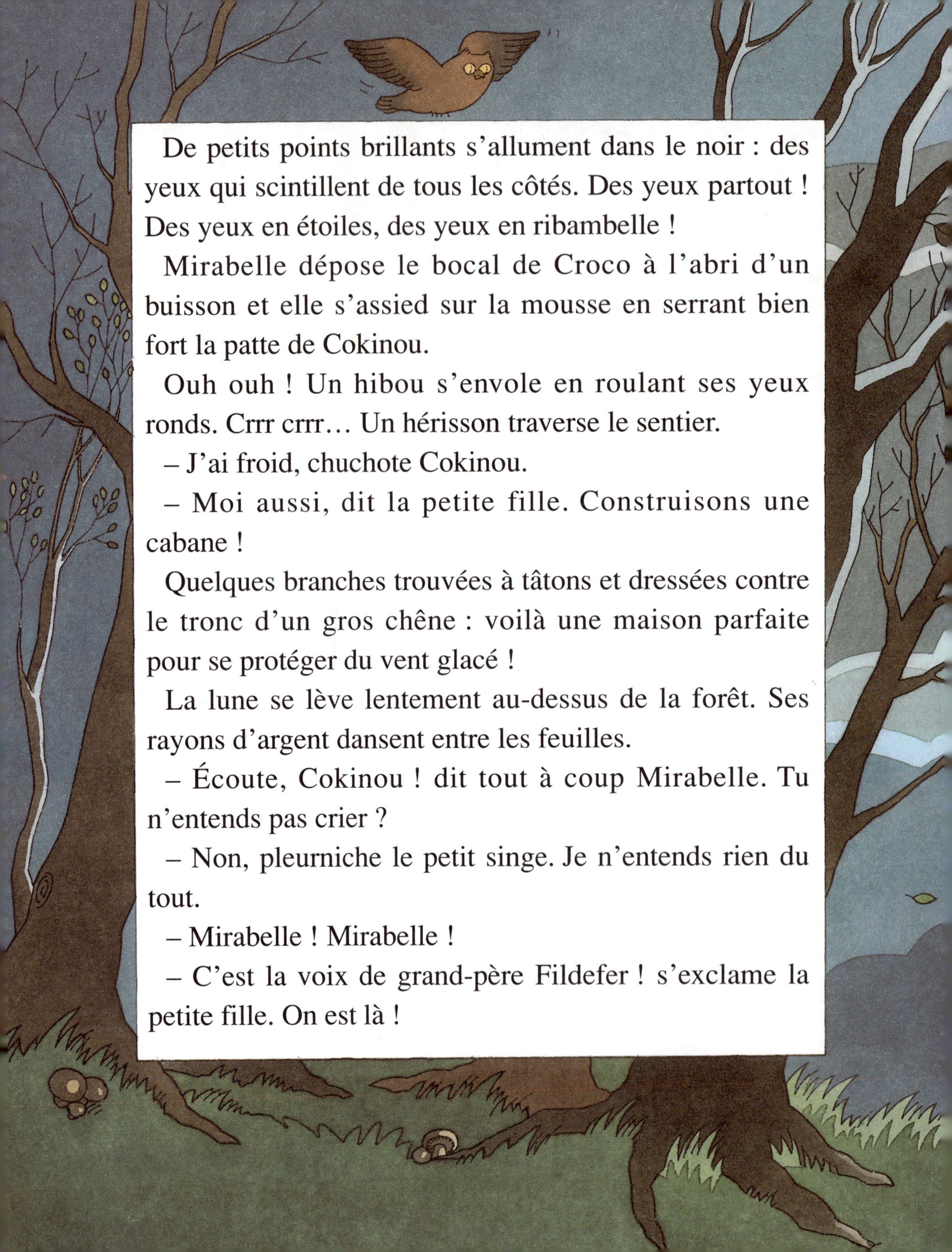

De petits points brillants s'allument dans le noir : des yeux qui scintillent de tous les côtés. Des yeux partout ! Des yeux en étoiles, des yeux en ribambelle !

Mirabelle dépose le bocal de Croco à l'abri d'un buisson et elle s'assied sur la mousse en serrant bien fort la patte de Cokinou.

Ouh ouh ! Un hibou s'envole en roulant ses yeux ronds. Crrr crrr… Un hérisson traverse le sentier.

– J'ai froid, chuchote Cokinou.

– Moi aussi, dit la petite fille. Construisons une cabane !

Quelques branches trouvées à tâtons et dressées contre le tronc d'un gros chêne : voilà une maison parfaite pour se protéger du vent glacé !

La lune se lève lentement au-dessus de la forêt. Ses rayons d'argent dansent entre les feuilles.

– Écoute, Cokinou ! dit tout à coup Mirabelle. Tu n'entends pas crier ?

– Non, pleurniche le petit singe. Je n'entends rien du tout.

– Mirabelle ! Mirabelle !

– C'est la voix de grand-père Fildefer ! s'exclame la petite fille. On est là !

– On est là ! On est là ! répète Cokinou.

Grand-père Fildefer s'approche, une lampe de poche à la main. Il gronde gentiment Mirabelle :

– Je t'ai cherchée partout. Tu n'as pas eu trop peur ?

– Si, avoue la petite fille, qui se blottit contre son grand-père.

– Non ! proteste Cokinou.

Alors grand-père Fildefer s'allonge sur le sol.

– Que fais-tu ? s'étonne Mirabelle. Tu ne connais pas le chemin pour rentrer à la maison ?

– Heu non… Je ne le retrouverai pas de nuit. Il va falloir dormir ici.

La lune éclaire la cabane où Mirabelle s'est endormie. Avec grand-père Fildefer et son ami Cokinou, elle n'a plus peur du tout.

Quelle drôle de petite fille !

Mirabelle à vélo

Ce matin, Cokinou bondit jusqu'au plafond et propose :

– Si on partait pique-niquer ?

– Bonne idée ! approuve Mirabelle.

Aussitôt dit, aussitôt fait ! La petite fille regonfle les pneus de son vélo, puis prépare des sandwichs, des fruits et de la boisson. Elle place ensuite délicatement le bocal de Croco dans son panier.

– En route ! ordonne Polo, installé sur le guidon.

Hop ! Cokinou bondit sur la selle arrière du tandem et il surveille d'un œil l'énorme sac du pique-nique.

Un peu plus loin, Mirabelle aperçoit des cyclistes :

– Oh, une course de vélos !

– Ils vont bientôt nous rattraper, remarque Polo qui agite ses cornes. Accélérez ! Plus vite ! Pédalez !

Pour encourager Mirabelle et Cokinou, Croco sautille dans son bocal. Mais que fait le singe coquin ? Il ne pédale même pas ! Il épluche une banane, puis une autre et encore une autre, et jette les peaux sur la route.

La petite fille ne s'est rendu compte de rien. Elle continue à pédaler, pédaler, pédaler. Les cyclistes vont bientôt la dépasser.

– Au secours ! Ça glisse ! s'écrie le premier coureur cycliste.

– C'est pire que la glace ! hurle le maillot jaune.

Un vélo s'envole, un deuxième dérape… Un guidon par-ci, une roue par-là ! Tous les coureurs se retrouvent par terre, pleins de bosses et très en colère.

Et Mirabelle ? Elle aussi est tombée. À quatre pattes par terre, elle remet vite Croco dans le peu d'eau qui reste au fond de son bocal. Elle glisse Polo dans sa poche et part à la recherche de Cokinou.

Pendant ce temps, le grand organisateur de la course annonce dans son micro :

– La course est reportée à la semaine prochaine !

Alors Mirabelle s'approche des cyclistes :

– Voulez-vous manger quelque chose ?

– Oh oui, nous avons une faim de loup !

Peu après, le pique-nique est installé. Mirabelle et les coureurs partagent les sandwichs et croquent les pommes.

– Tiens, c'est bizarre… remarque la petite fille. Il ne reste plus une seule banane. J'en avais pourtant mis dans mon sac.

Oui, c'est bizarre ! Qui a bien pu les manger ?

Peut-être quelqu'un qui se cache en haut de l'arbre ? Un petit singe honteux qui n'ose pas quitter sa cachette… Un petit singe un peu fou ?

Eh oui, c'est ce coquin de Cokinou !

Il neige dans le grenier

Quel temps épouvantable ! Le ciel est gris et il pleut depuis ce matin. Pourtant, c'est l'été !

Ravi, Polo l'escargot est allé faire un tour en agitant ses cornes sous les gouttes de pluie.

Croco aimerait bien le suivre et quitter son bocal. Et Cokinou ? Où est-il donc ? Il cherche une bêtise à faire.

– Viens avec moi ! dit Mirabelle. Nous allons explorer le grenier !

Que de poussière ! Des livres empilés. Des cartons pleins à craquer. Des caisses vides à soulever…

– Regarde ce chapeau ! s'amuse Mirabelle, déguisée en sorcière.

– Moi, je suis Tarzan ! crie le petit singe en sautant comme un fou.

Jouer à cache-cache dans les placards, les vieux coffres et les armoires : c'est fantastique ! Soudain, Cokinou découvre dans un coin un gros coussin bien abîmé. Il l'envoie par-ci, il le jette par-là comme un ballon de rugby.

– Zut et bout de ficelle, arrête ! ordonne Mirabelle.

Le petit singe n'écoute pas. Crrr… La taie d'oreiller se déchire et des milliers de plumes blanches s'envolent dans le grenier.

– On dirait qu'il neige ! applaudit Cokinou.

– Ah, c'est malin ! dit Mirabelle. Chut… Voilà quelqu'un !

Vite, le singe se glisse sous un vieux lit et la petite fille plonge dans un grand coffre.

Des pas dans l'escalier. La porte grince… et grand-père Fildefer apparaît, très en colère :

– Que se passe-t-il ici ?

Il regarde à gauche, il regarde à droite et tape du pied :

– Tonnerre ! Où êtes-vous cachés ? Tiens… C'est bizarre. Il a neigé dans le grenier ? Il faudra que je fasse réparer mon toit.

Grand-père Fildefer ramasse quelques plumes et il se met à rire, à rire si fort que Mirabelle et Cokinou sortent de leurs cachettes.

Un petit coup de balai et la neige disparaît au fond d'un sac en papier. Le singe coquin arrêtera-t-il un jour de faire des bêtises ? Sûrement… quand il neigera vraiment en plein été !

comptine

Il pleut, il mouille

Il pleut, il mouille,
C'est la fête à la grenouille ;
Il pleut, il fait beau temps,
C'est la fête au paysan.

Un animal pour Princesse Capucine

Princesse Capucine s'ennuie. Elle tourne en rond dans le donjon du château de son père, le roi Philibert. Et elle soupire :

– Ah, si seulement j'avais un animal pour me tenir compagnie !

Assis sur son trône, le roi Philibert réfléchit :

– Ma fille, lui dit-il, j'ai trouvé ce qu'il te faut ! Quand j'étais petit, j'avais un poisson rouge dans un bocal. C'est l'animal idéal !

Et le roi fait apporter sans tarder un poisson rouge pour sa fille adorée.

Elle le nomme Clapotis et durant un jour elle l'adore. Mais le second jour, Princesse Capucine déclare :

– Comme c'est ennuyeux, un poisson rouge ! On ne peut même pas le caresser ! Ah, si j'avais un animal à caresser, je serais enchantée !

Brodant une tapisserie, la reine Irène réfléchit :

– Ma fille, lui répond-elle, j'ai trouvé ce qu'il te faut ! Quand j'étais petite, j'avais un gros chat noir dans un panier. C'est l'animal rêvé !

Aussitôt, la reine commande un gros chat noir dans un panier pour sa fille bien-aimée.

Elle le nomme Pacha et durant deux jours elle le caresse. Mais le troisième jour, Princesse Capucine déclare :

– Comme c'est ennuyeux, un chat noir ! On peut le caresser, mais si j'avais un animal pour me promener à travers les prés, je serais comblée !

En visite au château, l'oncle Rigobert réfléchit :

– Ma nièce, j'ai trouvé ce qu'il te faut. Quand j'étais petit, j'avais un poney gris dans une écurie. Ça, c'est un animal pour toi, pardi !

Alors, l'oncle Rigobert offre un poney gris à sa nièce chérie. Elle le nomme Tagada et pendant trois jours elle chevauche à travers le royaume. Mais le quatrième jour, Princesse Capucine déclare :

– Comme c'est ennuyeux un poney gris ! On peut se promener sur son dos, mais s'il pouvait voler, je le préférerais !

Tout à coup, tenant à la main sa baguette magique, apparaît la marraine de la princesse, la fée Mirabelle.

– Ma filleule, lui dit-elle, par la queue du poisson rouge, par les moustaches du chat noir et les sabots du poney gris, pour te faire plaisir, je ne vois qu'un seul animal. Tu pourras le caresser et te promener sur son dos sur la terre et dans les airs !

Alors, dans un nuage de poussière, elle fait apparaître le plus mignon, le plus fripon, le plus glouton de tous les dragons. Princesse Capucine l'embrasse, elle le nomme aussitôt Gaston, et elle sent bien qu'avec lui, jamais elle ne connaîtra l'ennui.

Princesse Capucine et le fantôme

Dans le royaume du roi Philibert circule une drôle de légende. On raconte qu'un fantôme hante les maisons où habitent des petits polissons. Mais Princesse Capucine n'y croit pas.

– Les fantômes, ça n'existe pas, dit-elle à son père, le roi Philibert. Les enfants peuvent faire des bêtises sans craindre qu'on les terrorise !

– Méfie-toi, Capucine ! lui répond son père. Tu as beau être fille de roi, ce fantôme viendra hanter le palais si tu ne m'écoutes pas.

Or, ce jour-là, Princesse Capucine est déchaînée : elle tire la queue du chat, saute sur son lit de princesse au lieu de faire la sieste, et refuse de manger son royal potage.

Le soir, elle s'est à peine couchée que des bruits bizarres se font entendre.

Klink… Klonk… Klank… Un bruit de chaînes retentit d'abord dans le couloir tout noir.

– Les fantômes, ça n'existe pas, dit très fort Princesse Capucine, pour se rassurer. Ce bruit de chaînes, c'est un courant d'air qui remue les armures de mon père.

Crouik… Crouik… Crouik… Elle entend comme un grincement de porte, ensuite.

– Les fantômes, ça n'existe pas, tralala, chantonne Princesse Capucine d'une voix qui commence à trembler. Cette porte qui grince, c'est mon père qui l'a mal fermée.

Hahaha ! Un rire terrible éclate alors, tout près du lit de Princesse Capucine.

– Un vrai rire de fan…, de fan… Non ! les fantômes, ça n'existe pas, murmure la princesse qui se cache sous sa couette. Ce rire, c'est peut-être le vent dans les arbres…

Mais elle n'a pas fini sa phrase qu'elle sent une main glacée sur sa tête. Épouvantée, elle crie de toutes ses forces :

– Au secours, à moi, mon papa ! C'est le fantôme, le fantôme des enfants désobéissants !

Presque aussitôt, le roi Philibert, une chandelle à la main, se précipite au secours de sa fille chérie.

– Hors d'ici, fantôme de la nuit, ordonne-t-il de sa grosse voix. Ma fille n'a pas mérité ça ! Va-t'en et ne reviens pas !

Alors, dans un grand fracas, le fantôme s'en va, et Princesse Capucine promet à son papa d'être plus sage la prochaine fois.

Princesse Capucine détective

La couronne du roi Philibert a disparu ! On a volé la couronne du roi !

Depuis ce matin, ce n'est plus qu'un cri à travers tout le pays. Le roi Philibert, sans sa couronne, a pris froid à la tête et donne des ordres en éternuant. Pendant ce temps, la reine met le château sens dessus dessous. Seule Princesse Capucine garde son calme malgré tout.

– Voyons, papa, demande-t-elle, quand as-tu vu ta couronne pour la dernière fois ?

– Ce matin, répond le roi. Elle brillait au soleil, tout près de mon oreiller. Le temps de faire ma royale gymnastique et, atchoum ! plus de couronne !

Sans couronne, c'est très difficile d'être roi ! Alors le roi Philibert envoie ses soldats pour la retrouver.

– Fouillez partout, ordonne-t-il. Celui qui a fait ça, il faut, atchoum ! l'attraper !

– Ouvrez toutes les armoires du royaume, ajoute la reine.

Seule Princesse Capucine ne dit rien, mais elle se met en chemin. Elle a décidé de s'adresser aux enfants du village voisin.

– Il faut que je retrouve la couronne de mon père, le roi Philibert, dit-elle à chacun.

Mais rien de rien. Aucun ne peut l'aider. Sans se décourager, Princesse Capucine va de plus en plus loin.

Mais tout à coup, la petite princesse s'aperçoit qu'elle est perdue au cœur de la forêt. Elle commence à s'inquiéter, quand un garçon aux cheveux tout blonds arrive en courant.

– C’est toi, Princesse Capucine ? lui demande-t-il. Je m’appelle Arthur et je peux peut-être t’aider. Ce matin, alors que je me promenais, j’ai aperçu une grosse pie qui tenait quelque chose de brillant dans son bec. Mais quand je me suis approché, elle s’est envolée.

– Et moi, je sais qu’une grosse pie a fait son nid dans le grand chêne, près du château, dit Princesse Capucine. C’est sûrement la même ! Ramène-moi chez mon père ! À nous deux, nous devrions résoudre ce mystère !

Dès son retour au château, Princesse Capucine emmène son père sous le grand chêne.

– Ma couronne est là, je la vois, dit le roi. Mais ce nid est bien trop haut. Comment faire pour aller la chercher ?

Alors, sans discuter, Arthur se met à grimper bravement et quand il redescend, le roi est si content de retrouver sa couronne qu'il l'engage comme page.

Arthur est ravi et Capucine, la princesse détective, aussi !

L'anniversaire de Princesse Capucine

Aujourd'hui, c'est l'anniversaire de Princesse Capucine. Le roi Philibert et la reine Irène ont organisé une grande fête au château. Du haut du donjon, Princesse Capucine guette l'arrivée des invités. Tout à coup, elle s'écrie :

– Les voilà ! Je vois notre cousin, le roi Quentin, qui chevauche avec ses trois filles, Clémentine, Praline et Mandarine !

Les petites princesses ont mis leurs plus belles robes. Mais derrière leurs sourires angéliques se cachent de vrais petits diables.

– Joyeux anniversaire, Capucine ! s'écrient en chœur Clémentine, Praline et Mandarine. Viens voir le cadeau que nous t'avons apporté. Une mallette de farces et attrapes, c'est ce que nous avons trouvé de plus amusant.

Déjà, la fête bat son plein et le spectacle commence.

Voici d'abord un cracheur de feu. À chaque flamme, les enfants poussent des oh ! et des ah ! d'admiration. Clémentine insiste pour le féliciter. Elle s'approche de lui et jette une pincée de poudre à éternuer. Quelle catastrophe ! Pauvre cracheur de feu ! Atchoum ! Atchoum ! À chaque fois qu'il éternue, des étincelles sortent de son nez.

Puis vient un jongleur très habile qui fait danser des balles au-dessus de sa tête. « Bravo, bravo ! » crient les spectateurs, tandis que Praline lui glisse une poignée de poil à gratter dans la manche. Quelle horreur ! Pauvre jongleur ! Il ne peut pas s'empêcher de se gratter.

Enfin, un troubadour s'avance avec son ours savant. Il lui commande de danser et pour le récompenser, lui donne des friandises. Alors Mandarine, qui n'a pas encore fait de bêtise, tend à l'ours un bonbon salé-poivré. Quel dommage ! L'ours si sage se met à grogner.

Princesse Capucine comprend qu'il faut empêcher ses cousines de continuer. Comme elle les sait très gourmandes, elle dit :

– Allons à table ! J'ai hâte de souffler les bougies !

Les trois sœurs s'arrêtent aussitôt et vont s'asseoir à table.

Quelle surprise ! Le gâteau d'anniversaire est en forme de château fort et les bougies sont plantées sur les créneaux ! Princesse Capucine est ravie. Ensuite, elle ouvre une montagne de cadeaux et la fête se termine dans la joie.

Maintenant, c'est le soir. Du haut du donjon, Princesse Capucine regarde partir le roi Quentin avec ses trois diablotins, Clémentine, Praline et Mandarine.

Mais une dernière surprise l'attend. C'est Arthur, le page, qui a cueilli pour elle un gros bouquet de fleurs des champs et qui lui dit :

– Bon anniversaire, ma princesse préférée !

Princesse Capucine fait la fée

Aujourd'hui, il pleut sur le château du roi Philibert, et Princesse Capucine s'écrie :

– Que faire ? Si j'allais visiter le grenier du château ? Il doit y avoir de vrais trésors là-haut !

– Personne n'y monte plus depuis fort longtemps, dit le roi, excepté ta marraine, la fée Mirabelle. Voici la clé, si tu veux y aller !

Dévorée par la curiosité, Princesse Capucine se précipite. Brrr ! Qu'il fait noir ! Que de toiles d'araignées ! Et quel royal bric-à-brac !

Fouille et farfouille…

Princesse Capucine ne sait par où commencer.

– Je vais me déguiser en reine du temps passé, dit-elle.

Mais dans un coin, elle aperçoit des livres bien rangés.

Fouille et farfouille encore…

– Voyons : « La magie en 10 leçons », « Comment entretenir sa baguette magique »… mais ce sont les grimoires de ma marraine ! s'exclame Princesse Capucine.

Fouille et farfouille de plus belle…

Princesse Capucine trouve une valise dans laquelle il y a une longue robe étoilée, une baguette magique et une coiffe de fée.

– Voilà le déguisement que je cherchais, dit-elle. Je serai la fée Capucine !

Maintenant, elle a envie d'essayer ses pouvoirs. Elle pointe sa baguette sur un vase ébréché et il se transforme aussitôt en crapaud enroué.

Puis elle désigne une vieille tasse qui se met à sauter sous la forme d'une grenouille qui coasse. Et bientôt, voilà le grenier du château rempli de grenouilles et de crapauds.

Il ne reste plus qu'un grand miroir, sur lequel l'apprentie fée pointe sa baguette sans hésiter. Mais la voix de sa marraine, la fée Mirabelle, retentit dans le noir :

– Arrête, malheureuse ! Si tu touches ton propre reflet avec cette baguette, tu te transformeras à tout jamais en grenouillette verdelette. Il ne suffit pas de se déguiser pour devenir une vraie fée, et ce travail mal fait est digne d'une sorcière !

– Excuse-moi, marraine ! J'aimerais tant être fée, dit Princesse Capucine désolée. Mais pour l'instant, qu'allons-nous faire de ces grenouilles et de ces crapauds ?

– Ne t'inquiète pas, je vais arranger ça, répond la fée. Et si tu me promets d'être plus prudente, un jour je t'apprendrai quelques formules magiques très amusantes !

Alors, d'un coup de sa baguette experte, la fée Mirabelle envoie tous ces animaux dans les douves du château.

Princesse Capucine est malade

Princesse Capucine est malade. Toute pâle sur son lit royal, elle tousse et elle éternue sans cesse.

– Il faut faire venir au château les meilleurs docteurs du royaume, dit la reine Irène.

– Je donnerai un gros sac d'or à celui qui guérira ma fille chérie, déclare le roi Philibert.

Le premier docteur ne tarde pas à arriver. Tout de noir vêtu, il porte une grande barbe. Sans même examiner la princesse, il affirme :

– Des piqûres et encore des piqûres ! C'est le meilleur remède, j'en suis sûr. Puis une tisane bien amère et il n'y paraîtra plus guère.

– Non, non, non, pas de piqûres, pas de tisane, répond Princesse Capucine. À ce compte-là, j'aime encore mieux rester malade !

Alors on fait entrer le deuxième docteur. Sous une cape rouge, il porte un grand sac plein de fioles et de bocaux remplis d'ingrédients vraiment pas ragoûtants. Il demande à voir les pieds de Princesse Capucine et décrète sans hésiter :

– Cette demoiselle guérira, à condition de manger à son repas trois langues de crapauds et six oreilles de chauves-souris.

– Non, non, non, pas de crapauds ni de chauves-souris ! s'exclame Princesse Capucine. C'est vraiment trop dégoûtant. J'aime encore mieux rester malade !

Quand le troisième docteur s'approche de Princesse Capucine, elle est très surprise car il n'apporte ni fioles, ni tisane. Ses yeux bleus rieurs lui donnent un air joueur. Il s'avance en faisant une pirouette, et aussitôt, sous sa couette, elle lui adresse un grand sourire.

– Jolie Princesse Capucine, dit-il, je m'appelle Georges et j'aimerais voir l'intérieur de votre gorge. Tirez-moi la langue et je vous donnerai une sucette à la menthe.

L'invitation est si charmante que Princesse Capucine se laisse examiner sans hésiter.

– Je vois, dit Georges, vous avez mal à la gorge et votre petit nez ne cesse de couler. Dans votre lit, il vous faudra rester durant trois bonnes journées à boire du lait chaud avec du miel bien sucré.

– Comment, trois jours ! s'exclame Princesse Capucine. Comme je vais m'ennuyer !

– Ne vous inquiétez pas, Princesse Capucine, dit le docteur.

Et de la poche de son manteau, il sort un grand livre d'histoires et il prononce les paroles magiques :

– Il était une fois…

Le troisième jour arrive si vite, car les histoires du docteur Georges sont si amusantes, que Princesse Capucine est tout étonnée d'être déjà guérie. Pour le récompenser, le roi Philibert donne au docteur-conteur le sac d'or promis et Princesse Capucine lui dit :

– Revenez à la prochaine maladie !

Une amie pour Princesse Capucine

Une nuit, Princesse Capucine est réveillée par un bruit dans le château. Aussitôt, elle enfile sa robe de chambre et se glisse dans le couloir. Dans le noir, une main la retient.

– Qui va là ? demande le roi Philibert.

– C'est moi, Capucine. J'ai entendu une voix !

– Oui, moi aussi, dit le roi. Je crois que ça provient des oubliettes. Je veux en avoir le cœur net !

Pour descendre l'escalier en colimaçon, le roi Philibert prend une bougie, Princesse Capucine aussi. Et là, au fond de la sombre prison, ils aperçoivent une petite fille qui pleure.

– Qui es-tu ? demande le roi de sa grosse voix.

– N’aie pas peur, ajoute Princesse Capucine, nous sommes là pour t’aider.

Aussitôt, la petite prisonnière semble rassurée.

– Je m’appelle Lisette, dit-elle. La méchante sorcière Mégère me garde enfermée ici depuis hier. Elle m’a envoyée pour attraper des araignées. Mais j’ai refusé de lui obéir, car elle voulait les faire cuire dans son grand chaudron. Alors pour me punir, elle m’a condamnée à rester dans les oubliettes du château.

– Ne pleure plus, Lisette, dit Princesse Capucine en la serrant dans ses bras. Viens avec moi !

– Pas si vite, ma petite ! dit alors une voix grinçante. On n’échappe pas si facilement à Mégère la sorcière. Lisette est à moi, à moins que tu ne prennes sa place !

– Pas question ! tonne le roi Philibert. Je t’ordonne, méchante sorcière, de quitter mon royaume !

Mais la sorcière menace de changer le roi en gros rat noir. Et sans attendre, elle prononce la formule maléfique :

– Abracadabroi, abracadabrus, ratibus tu deviendras !

Sans avoir le temps de dire ouf, voilà le roi transformé en rat couronné ! Alors, n'écoutant que son courage, Princesse Capucine l'attrape, le fourre dans sa poche et se met à courir de toutes ses forces en entraînant Lisette.

Heureusement, la fée Mirabelle qui a tout entendu apparaît au même moment. Elle pointe sa baguette magique sur Mégère en disant :

– Redonne au roi Philibert son apparence de roi, vieille sorcière, ou je te transforme en vipère !

Vaincue, la sorcière obéit et s'enfuit.

Le roi remercie la fée de l'avoir aidé.

– Je ne savais pas, dit-il, que les oubliettes de mon château me réserveraient un jour tant d'émotions !

– Et moi, je ne savais pas que j'y trouverais une amie, ajoute sa fille en regardant Lisette qui sourit.

Alors tout le monde s'embrasse et Princesse Capucine se sent pour toujours la plus heureuse des princesses.

comptine

Un petit cochon pendu au plafond

Un petit cochon
Pendu au plafond.
Tirez-lui la queue
Il pondra des œufs ;
Tirez-lui plus fort,
Il pondra de l'or.

La famille Croco fête un anniversaire

Les premiers rayons du soleil effleurent à peine la cime des palmiers, mais Olivier Croco est déjà debout. Il secoue ses deux sœurs Odile et Ophélie, puis bondit sur le lit de ses parents en criant :

– Réveillez-vous ! C'est un grand jour !

– Crococo croquemitaine ! Que se passe-t-il donc ? bâille papa Croco.

– Tu es devenu fou, plus fou qu'un gorille farceur ? ajoute maman Croco.

Olivier n'a pas l'air content et il ronchonne :

– Personne ne me dit rien !

– Moi si ! s'écrie la petite Ophélie. Bon anniversaire !

– Bon anniversaire, Olivier ! répète toute la famille Croco.

C'est la journée d'Olivier ! Ses parents, Arthur et Noémie Croco, lui ont promis qu'aujourd'hui il pourrait organiser ce qu'il voudrait.

– Après le petit déjeuner, il y aura un super-concours ! explique Olivier. Même pour les parents !

Une heure plus tard, le concours commence : les concurrents doivent se glisser sous des chaises, escalader un mur et se balancer de liane en liane.

– Odile a gagné ! Et papa est le dernier ! crie Olivier debout sur la ligne d'arrivée.

Ensuite Olivier se transforme en cuisinier : il va préparer lui-même son repas d'anniversaire.

Le petit crocodile veut se débrouiller tout seul et son menu doit rester secret : un déjeuner tout à l'envers ! De quoi rendre des crocodiles encore plus verts !

À la fin du repas, Noémie Croco allume les bougies plantées sur le gâteau et les crocodiles se mettent à chanter :

– Joyeux anniversaire, Olivier !

À ce moment-là, un hurlement retentit dans la jungle.

– Qué, qué, qu'est-ce que c'est ? bégaie la petite Ophélie.

Les cris se rapprochent. Est-ce que ce sont des envahisseurs venus d'une autre planète ? Une silhouette noire apparaît entre les arbres : c'est Jo, le gorille farceur !

– Joyeux anniversaire, Olivier ! lance-t-il d'une grosse voix. Voici des noix de coco-maracas !

Soulagée, la famille Croco éclate de rire et Olivier souffle d'un coup les bougies qu'il avait oubliées.

Puis chacun tend au petit crocodile le cadeau qu'il a préparé : un déguisement d'Indien, un jeu de quilles, un cahier de devinettes et un superbe dessin.

– Oh, merci ! s'écrie Olivier.

Arthur Croco prend doucement la patte de Noémie. Olivier bondit sur les épaules de son papa. Odile et Ophélie se pelotonnent contre leur maman. Et tous les cinq chantonnent leur refrain préféré :

« Quand on est un crocodile
c'est facile, c'est facile
de jouer dans la forêt
sans se fatiguer ! »

Croquemitaine ! Quel anniversaire !

La famille Croco fait de la musique

Arthur Croco rentre chez lui et entend un bruit terrible : Pan ! Vlan ! Gling ! Pouet !

– Croquemitaine ! Quel chahut ! soupire-t-il en se bouchant les oreilles.

Il entrouvre la porte de la cuisine, et que voit-il ? Odile, Olivier et la petite Ophélie, assis sur la table ! Sa femme Noémie, debout sur un tabouret ! Que font-ils, nom d'un crocodile ?

– Un concert ! s'écrie Olivier.

– Papa, on n'attendait plus que toi ! dit Odile.

– C'est moi le chef d'orchestre ! ajoute Ophélie.

Pan ! Olivier tape sur une casserole.

Vlan ! Odile frappe des couvercles l'un contre l'autre.

Gling ! Maman Croco fait tinter un verre d'eau.

Pouet ! Ophélie souffle dans une bouteille.

– Croquemitaine ! Vous êtes tous devenus fous ? s'énerve papa Croco.

– Pas du tout ! proteste Odile. Aujourd'hui, c'est la fête de la musique !

Arthur Croco essuie ses lunettes en grognant :

– Vous appelez ça de la musique ?

– Arrête de râler, papa ! dit la petite Ophélie avec un grand sourire. Et viens avec nous.

Que va décider Arthur Croco ? Il se lève et va chercher un grand carton. Ça alors ! Il en sort de vrais instruments de musique : un tambour pour Olivier ! des cymbales pour Odile ! un xylophone pour maman Croco ! une trompette pour Ophélie !

– Youpi ! applaudissent les trois petits crocodiles.

– Et toi, papa, dit Olivier, quel instrument vas-tu choisir ?

– Croquemitaine ! Mon violon, bien sûr ! répond Arthur Croco.

– On pourrait sortir maintenant, propose Noémie Croco.

– Oh oui maman ! Bonne idée !

Les cinq crocodiles enfilent leurs vestes et prennent leurs instruments.

Dehors, des musiciens se promènent déjà entre les palmiers. Chicou l'éléphant gris souffle dans son biniou. Jo le gorille tourne la manivelle de son orgue de Barbarie. L'hippopotame frappe sur son tam-tam. Le gros boa joue du tuba.

– Vas-y, papa ! encourage Ophélie. Montre-leur que tu es un vrai champion du violon !

La nuit va bientôt tomber. Il est temps d'allumer les lampions ! Arthur et Noémie Croco se sont pris par le cou et ils écoutent, émus, le concert que leur donnent leurs trois petits crocodiles.

Croquemitaine ! Quelle fête !

La famille Croco sur la montagne Guili-Guili

Le soleil se lève à peine. Pourtant, cinq crocodiles marchent déjà d'un bon pas sur le sentier escarpé.

Aujourd'hui, la famille Croco a décidé d'escalader la montagne Guili-Guili.

– Respirez bien ! dit Arthur Croco qui porte un gros sac à dos.

Le chemin serpente entre les hautes herbes. Là, un torrent glacé bondit sur les rochers.

– Arrêtons-nous un moment ! propose maman Croco.

– Oh oui ! font Odile et la petite Ophélie.

Olivier prend son élan et franchit le torrent.

– Maintenant, dans l'autre sens ! dit-il.

Mais le voilà qui glisse sur une pierre couverte de mousse… Et plouf ! il plonge la tête la première dans l'eau.

– Au secours ! C'est glacé !

– Crococo croquemitaine ! gronde papa Croco en tirant Olivier hors du torrent.

– Il va prendre froid ! s'inquiète maman Croco.

Heureusement, dans le sac à dos se trouvent des vêtements de rechange et le champion de saut n'a pas le temps de s'enrhumer.

– Repartons ! s'impatiente Arthur Croco. Sinon nous n'atteindrons jamais le sommet.

– J'ai faim ! ronchonne Odile.

– Je suis fatiguée ! ajoute Ophélie. Papa, porte-moi…

– Moi aussi ! pleurniche Olivier.

Arthur Croco pousse un long soupir. Il confie le sac à maman Croco et charge ses trois enfants sur son dos.

– Croquemitaine ! Vous êtes plus lourds qu'un troupeau d'hippopotames !

Pauvre papa Croco : il transpire à grosses gouttes !

Les cinq crocodiles se retrouvent enfin au sommet de la montagne Guili-Guili.

Après le pique-nique, maman Croco donne le signal du départ.

– On redescend ! En avant !

Descendre, c'est tellement amusant ! Les Croco s'élancent sur le sentier, glissent dans l'herbe qui sent bon le printemps, et roulent, roulent comme des tonneaux entre les fleurs de toutes les couleurs.

La journée est terminée. Au pied de la montagne Guili-Guili, papa et maman Croco se prennent par le cou et se font un petit bisou.

Olivier, Odile et la petite Ophélie éclatent de rire, et hop ! sautent sur leurs genoux.

Croquemitaine ! Quelle escalade !

La famille Croco fait du patin à roulettes

La famille Croco a chaussé ses patins à roulettes.

– Nous n'y arriverons jamais ! soupirent papa et maman Croco qui ont bien du mal à tenir en équilibre.

– Mais si ! Nous allons vous apprendre ! disent Odile et Ophélie.

– Écartez vos pattes ! Marchez en canard ! ordonne Olivier.

Pendant que leurs parents s'entraînent, les trois petits crocodiles s'éloignent sur la piste. Hop hop hop ! Odile sautille comme un cabri ! Zip zoula ! Olivier tourbillonne sur lui-même. Et Ophélie roule le plus vite possible, en fermant les yeux. Attention ! La voilà qui se dirige vers Olivier… Patatras ! Elle heurte son frère qui dégringole sur son derrière :

– Patamérichou ! Pataralu ! hurle Olivier furieux.

– Arrête de dire des gros mots ! proteste Odile.

– Pataralu ! Elle m'a poussé ! poursuit Olivier, rouge de colère.

La petite Ophélie se met à pleurer :

– Je ne l'ai pas fait exprès !

– Si ! Je t'ai bien vue ! crie Olivier. À cause de toi, j'ai raté ma pirouette.

Olivier se relève et s'approche de sa petite sœur ; mais Odile s'interpose, pif paf ! C'est elle qui reçoit une paire de claques ! Quelle bagarre ! Les trois petits crocodiles se roulent dans la poussière en criant. À l'autre bout de la piste, papa et maman Croco les ont aperçus :

– Croquemitaine, dépêchons-nous, dit Arthur Croco.

– Ils vont peut-être s'assommer avec leurs patins ! s'inquiète sa femme Noémie.

Papa et maman Croco s'élancent sur la piste. Ils ont complètement oublié qu'ils ne savent pas patiner.

– Regardez ! s'écrie Odile.

– Ce sont nos parents, s'étonne Olivier.

– Ils filent plus vite qu'une fusée à réaction ! ajoute Ophélie.

Soudain Arthur Croco bute contre un caillou, fait un double saut périlleux et rebondit sur ses pattes comme si rien ne s'était passé.

– Que vous est-il arrivé ? demande Noémie Croco tout essoufflée.

– On ne se rappelle plus ! avouent les trois petits crocodiles.

– Ne recommencez pas ! gronde un peu papa Croco.

– Promis !

Maintenant Arthur et Noémie Croco n'ont plus peur de tomber. Tous les deux se prennent par la patte et valsent en chantant leur refrain préféré :

« Quand on est un crocodile
c'est facile, c'est facile
de patiner sur un pied
sans se fatiguer ! »

Leurs trois petits diables les encerclent et tournent, tournent sans s'arrêter.

– Bravo maman ! Bravo papa !

Croquemitaine ! Quelle journée !

La famille Croco dans la tempête

Aujourd'hui, Arthur Croco ne travaille pas. Il va pouvoir se reposer dans son fauteuil, les pattes dans ses chaussons fourrés.

– Papa, c'est l'heure ! appellent Odile, Olivier et la petite Ophélie.

– L'heure de quoi ? s'étonne Arthur Croco.

– De la promenade, bien sûr ! répondent ses enfants.

Arthur Croco jette un coup d'œil par la fenêtre :

– Mais il va pleuvoir !

– Ça ne fait rien ! dit Olivier. On va emporter les parapluies.

– Et mettre des bottes et un ciré ! fait Odile avec sérieux.

– Le grand air, c'est bon pour la santé, c'est toi qui l'as dit ! ajoute la petite Ophélie.

Arthur Croco enfile ses bottes de pêche :

– Croquemitaine ! Dépêchons-nous avant la pluie. Où est donc maman Croco ?

– Elle a promis de nous rejoindre ! dit Olivier.

Les promeneurs armés de grands parapluies multicolores s'éloignent vers le pré en chantant à tue-tête :

« Quand on est un crocodile
c'est facile, c'est facile
de sauter à cloche-pied
sans se fatiguer ! »

Plic ploc ! Deux gouttes éclaboussent les lunettes de papa Croco qui ordonne :

– Ouvrez les parapluies ! Tiens, voilà maman Croco !

– Maman ! Dépêche-toi ! crie Odile. Viens te mettre à l'abri sous nos parapluies !

À ce moment-là, un vent violent se met à souffler : ffff !…

– Crococo croquemitaine ! Cramponnez-vous ! Ne lâchez pas le manche, dit Arthur Croco.

Ffff !… Le vent est si fort qu'il emporte les parapluies et les crocodiles dans un tourbillon de feuilles mortes.

– Où allez-vous ? s'écrie maman Croco. Attendez-moi !

Hop ! Elle saute et attrape l'une des pattes de papa Croco. Mais elle s'envole à son tour !

Ffff !… Le vent souffle de plus en plus fort. La famille Croco va-t-elle faire le tour de la terre ?

Non… La tempête se calme peu à peu, et les crocodiles atterrissent sur la mousse.

– On l'a échappé belle ! dit Olivier qui éclate de rire.

Papa et maman Croco se prennent par le cou pendant qu'Odile, Olivier et la petite Ophélie les bombardent de feuilles mortes.

Croquemitaine ! Quelle promenade !

La famille Croco fait du ski

La neige scintille sur la montagne Croki-Crokou.

– Papa Croco ! appelle Olivier.

– Dépêche-toi ! grogne Odile.

– On n'attend plus que toi ! ajoute la petite Ophélie.

Devant le chalet, Noémie Croco et ses trois petits crocodiles sont déjà prêts : sac au dos et skis aux pattes.

Enfin, voilà Arthur Croco qui annonce :

– On va prendre le téléski du grand bois pour monter tout en haut de la montagne Croki-Crokou !

– Si on ne t'avait pas attendu, on y serait déjà ! ronchonne Olivier.

– En route ! ordonne Noémie Croco.

Arrivée au pied du téléski, Ophélie se met à pleurer :

– J'ai peur… Papa, porte-moi !

– Je tiendrai ses skis ! propose maman Croco.

Arthur Croco prend sa petite crocodile sur ses épaules.

Un, deux, trois, quatre perches s'élancent et entraînent toute la famille vers le sommet de la montagne.

Après la montée, les cinq Croco admirent les vallées et les monts enneigés.

Puis c'est la descente : zip zip zip zip zip ! Ils dévalent les pistes toutes blanches : ils glissent, glissent en chantant à tue-tête :

« Quand on est un crocodile
c'est facile, c'est facile
de glisser comme un champion
sans se servir des bâtons ! »

À l'heure du pique-nique, les crocodiles s'assoient sur un vieux tronc d'arbre et se reposent un moment.

– Oh, j'ai un sandwich à la meringue ! s'étonne Ophélie.

– Croquandouille ! se moque son frère. C'est de la neige.

C'est vrai : des milliers de flocons se mettent à danser de tous les côtés.

– Croquemitaine ! Il faut rentrer ! décide papa Croco.

Zip zip zip zip zip ! Les crocodiles disparaissent dans le brouillard.

– Suivez-moi bien ! dit maman Croco. Vous pourriez vous perdre.

– Attention devant ! crie soudain Olivier.

Trop tard : zim ! boum ! crac ! Les cinq Croco foncent droit dans un sapin, juste à côté du chalet de bois.

– Rien de cassé ? s'inquiète Noémie Croco.

Non, tout va bien ! Les crocodiles enlèvent leurs skis et secouent leurs vêtements.

Soulagés, papa et maman Croco se prennent par le cou.

– You you you ! s'amusent Odile, Olivier et la petite Ophélie, en les bombardant de boules de neige. Vous êtes de vraies meringues et on va vous manger ce soir pour le dîner !

Croquemitaine ! Quelle journée !

La famille Croco fête Noël

Au pays des crocodiles, pas une lumière ne brille. Chut ! C'est la nuit de Noël. Vêtu d'une cape rouge, Croconoël s'approche lentement et dépose sans bruit des paquets au pied des palmiers décorés.

Le soleil est à peine levé. La petite Ophélie entrouvre les yeux :

– Debout ! Réveillez-vous ! crie-t-elle en secouant Odile et Olivier. Croconoël est passé !

Arthur Croco et sa femme Noémie dorment encore profondément sous leur énorme édredon.

– Si on leur préparait le petit déjeuner au lit ? chuchote Odile.

Aussitôt dit, aussitôt fait : le plateau est vite prêt.

– Joyeux Noël ! crient Odile, Olivier et Ophélie.

– Joyeux Noël ! répondent papa et maman Croco, tout endormis.

Mais Olivier et ses sœurs commencent à s'impatienter :

– Debout ! Levez-vous ! On en a assez !

– Croquemitaine ! Vous n'allez quand même pas ronchonner un matin de Noël ? s'étonne papa Croco.

Toute la famille Croco se retrouve au pied du grand palmier décoré.

Arthur Croco allume les bougies. Noémie Croco raccroche une guirlande d'or qui s'est envolée.

Odile, Olivier et Ophélie ouvrent de grands yeux. Une musique très douce danse dans leurs têtes.

– J'ai vu mon paquet ! s'écrie soudain Ophélie.

– Moi aussi ! Moi aussi ! répètent Odile et Olivier.

On enlève les rubans, les papiers, et chacun découvre son cadeau.

– Youpi ! applaudit Ophélie.

– Chic ! L'histoire du pirate Croquemoi-Toucru ! fait Olivier.

Papa et maman Croco se prennent par le cou. Aussitôt, Odile, Olivier et la petite Ophélie sautent sur leurs genoux et les couvrent de bisous :

– Joyeux Noël ! Joyeux Noël !

– Croquemitaine ! Joyeux Noël !

En riant et en chantant, tous dansent autour du palmier. Quelle fête chez les crocodiles !

TABLE

Les histoires - Les comptines